A leitura dos quadrinhos

COLEÇÃO **LINGUAGEM & ENSINO**
Análise e produção de textos Leonor W. Santos, Rosa C. Riche e Claudia S. Teixeira
A força das palavras Ana Lúcia Tinoco Cabral
A frase na boca do povo Hudinilson Urbano
A leitura dos quadrinhos Paulo Ramos
Leitura do texto literário Ernani Terra
Leitura e persuasão Luiz Antonio Ferreira
O texto publicitário na sala de aula Nelly Carvalho
Os sentidos do texto Mônica Magalhães Cavalcante
Preconceito e intolerância na linguagem Marli Quadros Leite
Texto, discurso e ensino Elisa Guimarães
Verbo e práticas discursivas Maria Valíria Vargas

Conselho Acadêmico
Ataliba Teixeira de Castilho
Carlos Eduardo Lins da Silva
Carlos Fico
Jaime Cordeiro
José Luiz Fiorin
Tania Regina de Luca

Proibida a reprodução total ou parcial em qualquer mídia
sem a autorização escrita da editora.
Os infratores estão sujeitos às penas da lei.

A Editora não é responsável pelo conteúdo deste livro.
O Autor conhece os fatos narrados, pelos quais é responsável,
assim como se responsabiliza pelos juízos emitidos.

Consulte nosso catálogo completo e últimos lançamentos em **www.editoracontexto.com.br**.

A leitura dos quadrinhos

Paulo Ramos

COLEÇÃO LINGUAGEM & ENSINO
Coordenação de Vanda Maria Elias

Copyright © 2009 Paulo Ramos
Todos os direitos desta edição reservados à
Editora Contexto (Editora Pinsky Ltda.)

Montagem de capa e diagramação
Gustavo S. Vilas Boas

Preparação de textos
Daniela Marini Iwamoto

Revisão
Márcia Nunes

Dados Internacionais de Catalogação na Publicação (CIP)
(Câmara Brasileira do Livro, SP, Brasil)

Ramos, Paulo
A leitura dos quadrinhos / Paulo Ramos. –
2. ed., 2ª reimpressão. – São Paulo : Contexto, 2025.

Bibliografia.
ISBN 978-85-7244-416-3

1. Histórias em quadrinhos – História e crítica I. Título.

08-11220 CDD-741.5

Índices para catálogo sistemático:
1. Histórias em quadrinhos : Apreciação crítica 741.5
2. Quadrinhos : Histórias : Apreciação crítica 741.5

2025

EDITORA CONTEXTO
Diretor editorial: *Jaime Pinsky*

Rua Dr. José Elias, 520 – Alto da Lapa
05083-030 – São Paulo – SP
PABX: (11) 3832 5838
contato@editoracontexto.com.br
www.editoracontexto.com.br

Sumário

Apresentação 7

Introdução 13

Os gêneros das histórias em quadrinhos 15
    Uma linguagem autônoma 17
    Os diferentes gêneros 20
    A necessidade de novos estudos 30

A representação da fala e do pensamento 31
    As várias formas do balão 36
    Os recursos expressivos do apêndice 43
    As diferentes vozes presentes na legenda 49

A oralidade nos quadrinhos 55
    Os diferentes valores expressivos da letra 56
    Os níveis de fala nos quadrinhos 60
    As estratégias de representação da oralidade 63

O papel da onomatopeia e da cor 75
    As diferentes formas de representação dos sons 78
    Os sentidos sugeridos pela cor 84

A cena narrativa 89
    As formas de apresentação do quadrinho 90
    O contorno do quadrinho 98

Os personagens e a ação da narrativa 107
    O corpo fala 114
    Os diferentes estilos de desenho 122

O espaço e o tempo nos quadrinhos 127
    O tempo na linguagem dos quadrinhos 128
    O espaço na linguagem dos quadrinhos 135
    O hiato e a elipse 144

Bibliografia 151

Iconografia 153

O autor 159

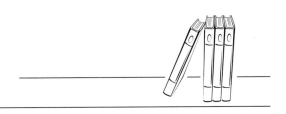

Apresentação

Para o homem a linguagem é o ar que respira e a extensão de si projetada: por um lado, falando, escrevendo, gesticulando, desenhando, fotografando etc.; por outro, ouvindo, lendo, vendo e observando. Entendê-la e usá-la é uma necessidade da vida pessoal e social. Nesse sentido, os linguistas têm procurado, cada vez mais, compreender e descrever melhor sua natureza, seus recursos de expressão e uso.

Com essas preocupações, Ramos vem a público com a obra *A leitura dos quadrinhos*, trazendo sua oportuna contribuição. É um dos primeiros trabalhos a lançar um perspicaz olhar linguístico-textual sobre os quadrinhos. Pesquisa e estuda exemplos cativantes do seu arquivo pessoal, revisando e atualizando a literatura a respeito, mais voltada para estudos da área de comunicação, como se observa na rica bibliografia específica referida na obra.

Língua é, originária e primordialmente, a "fala" que se manifesta ou pode se manifestar pelos canais sonoro da fala, e gráfico da escrita e visual dos gestos, imagem, cor etc. Têm-se, então, as linguagens verbal e não verbal, que se complementam – e se explicam – via linguagem dos quadrinhos, entre outros meios e modos.

As afirmações acima permitem várias reflexões. Há, por exemplo, um *continuum*, que pode manifestar-se em várias direções e dimensões (de modalidade, de níveis de fala, de tipos de textos e, em particular, de gêneros, como no caso da gradação que vai de uma piada oral a uma tira cômica, com perda de parte da expressividade da fala, recuperada, porém, pelo ganho da expressividade das imagens). Outras questões instigantes dizem respeito a aspectos terminológicos, como o próprio termo "fala", ora sinônimo de língua ou linguagem, ora de enunciado, ora de língua falada etc. Variante dessa perspectiva, mas de interesse para as presentes considerações, destacam-se as faces interior e exterior da linguagem, como o pensamento e a expressão, os quais possuem naturezas diferentes e regras próprias a serem consideradas.

Questões ou considerações como essas são tratadas por Ramos, direta ou indiretamente, com originalidade e profundidade, numa linguagem simples e instigante, mas precisa e objetiva; coloquial, mas culta. Trata-se de texto didático e científico, permitindo uma leitura fluente, agradável e sedutora.

Cabe destacar a vasta e específica bibliografia consultada, da qual extraiu preciosas informações e posturas, sempre tendo em vista os propósitos do seu arcabouço teórico e os ganhos científicos daí decorrentes, sem jamais, porém, dispensar e deixar de projetar seu senso crítico, que enriquece sobremaneira seu texto. Nessa linha de considerações, destaca-se também sua preocupação com a atualização dos recursos utilizados pelos quadrinhos, inclusive após o surgimento da informática, que mudou muito o processo de produção no mundo todo.

Essa postura de incansável coleta e aproveitamento teórico se intumesce da sua vasta exemplificação, capítulo a capítulo, com mais de cento e setenta ilustrações, numa sequência progressiva e inteligentemente articulada, de total e criativa pertinência, seguidas de profundas análises.

Não perdendo o foco da linguagem típica dos quadrinhos, Ramos, dentro da perspectiva da expressividade particular que a distingue e da estrutura narrativa que a fundamenta tecnicamente, apresenta e discute os seus mais característicos aspectos.

Começa, porém, vinculando-os a um tema mais geral, que constitui hoje uma das preocupações centrais da Linguística Textual, que é o dos gêneros textuais ou discursivos. Aplica o conceito introduzido por Bakhtin, teórico dos mais influentes sobre a questão, nas diferentes formas de produção dos quadrinhos.

No capítulo "A representação da fala e do pensamento", conceitua, descreve e discute os vários tipos e formas de "balões" que encapsulam as vozes e os pensamentos dos personagens, constantes nos diálogos e discursos interiores narrativos e, excepcionalmente, imagens. Chama ainda atenção para o tratamento especial das vozes narrativas, seja do narrador onisciente, seja do narrador personagem, que ocorrem no recurso denominado "legenda".

O terceiro capítulo centra-se na "oralidade dos quadrinhos", aspecto explorado não só pelas propriedades das formas e tipos das letras, com graus acentuados de expressividade a partir do grau zero de neutralidade, mas também pela discussão da caracterização dos personagens, cujas "falas", expressas nos turnos conversacionais, compatibilizam com a representação das próprias "imagens".

A onomatopeia e a cor são os assuntos do capítulo "O papel da onomatopeia e da cor", envolvendo os recursos sonoros e cromáticos, suas implicações e respectivas funções nos quadrinhos. Destaca-se nos exemplos a constatação de que, além de simples representação de ruídos, a onomatopeia é criativamente explorada "visualmente", com ganho do seu aspecto funcional.

No quinto capítulo, o autor entende que é o momento de tratar do quadro ou quadrinho, que contém a "cena narrativa", agrupando cenário, personagens e fragmentos de espaço e tempo, assuntos desenvolvidos nos capítulos seguintes.

Assim, no capítulo "Os personagens e a ação da narrativa" são ressaltadas a figura do personagem e sua caracterização. Nos quadrinhos, os personagens têm, em princípio, representação estática. Os movimentos em si, porém, não deixam de ser sugeridos. Nesse sentido, Ramos trata da "ação" e demonstra como parte dos seus elementos é transmitida pelas expressões faciais, da boca às sobrancelhas, e pelos movimentos corporais, previstos pela história.

Finalmente, era imprescindível abordar os outros dois elementos essenciais da estrutura narrativa, particularmente das histórias em quadrinhos, ou seja, o tempo e o espaço, o que Ramos desenvolveu, embora rapidamente, no último capítulo, "O espaço e o tempo nos quadrinhos". No caso do tempo, há uma visão particular nos quadrinhos que obriga a um tratamento e uma representatividade também especiais. Ademais, nos quadrinhos, tempo e espaço são elementos firmemente associados. Para isso são usados muitos recursos e artifícios bastante criativos, que o autor pesquisou e de que dá conta com perspicácia.

O rápido panorama aqui esboçado deve instigar interessados e leigos em histórias em quadrinhos a tomarem conhecimento mais profundo das lições contidas nas páginas da obra, na qualidade de uma das pioneiras em estender o debate sobre o tema da academia ao grande público em forma de livro.

Todavia, em nível de pesquisa, a obra pode contribuir também para o interesse e a formulação de projetos em que os quadrinhos e a leitura das imagens constituam tema de promissoras pesquisas linguístico-textuais.

Por outro lado, a obra destina-se principalmente a professores que têm necessidade de um aprofundamento sobre o tema para o desenvolvimento de suas práticas pedagógicas em sala de aula, no momento em que o governo federal incluiu os quadrinhos na lista do Programa Nacional Biblioteca na Escola, que distribui livros para as escolas do ensino fundamental.

Hudinilson Urbano (USP/SP)

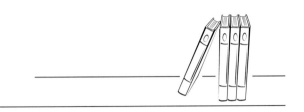

Introdução

Houve um tempo no Brasil em que levar histórias em quadrinhos para a sala de aula era algo inaceitável. Era um cenário bem diferente do visto no início deste século. Quadrinhos, hoje, são bem-vindos nas escolas. Há até estímulo governamental para que sejam usados no ensino.

Vê-se uma outra relação entre quadrinhos e educação, bem mais harmoniosa. A presença deles nas provas de vestibular, a sua inclusão no PCN (Parâmetro Curricular Nacional) e a distribuição de obras ao ensino fundamental (por meio do Programa Nacional Biblioteca na Escola) levaram obrigatoriamente a linguagem dos quadrinhos para dentro da escola e para a realidade pedagógica do professor.

Isso gerou uma curiosidade sobre a área, que se confronta com a ainda pequena produção científica a respeito dos quadrinhos (consequência de um histórico preconceito sobre o tema, inclusive dentro da universidade). Há uma gama de professores, pesquisadores, estudantes de Letras e de cursos de comunicação carente de respostas sobre a linguagem e as características dos quadrinhos.

Este livro traz algumas respostas sobre o tema. A leitura dos capítulos procura aprofundar os principais elementos da linguagem dos quadrinhos e de seus gêneros e contribuir para um melhor entendimento dessa linguagem, de modo a estimular o uso dos quadrinhos em sala de aula e em necessárias pesquisas científicas sobre a área.

A abordagem teórica é feita de um ponto de vista linguístico-textual, que investiga a presença de diferentes signos (verbais e visuais) no mecanismo que leva o leitor a produzir coerência dentro de um processo sociocognitivo interacional.

Esse enfoque irá revisar e atualizar linguisticamente muitos dos conceitos sobre a linguagem dos quadrinhos, que historicamente tiveram influência teórica de outros campos das ciências humanas, em especial da área de comunicação.

Ler quadrinhos é ler sua linguagem, tanto em seu aspecto verbal quanto visual (ou não verbal). A expectativa é que a leitura – da obra e dos quadrinhos – ajude a observar essa rica linguagem de um outro ponto de vista, mais crítico e fundamentado.

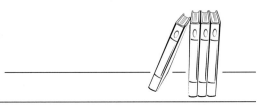

Os gêneros das histórias em quadrinhos

Figura 1.1 – Tira da série *Classificados*, de Laerte.

A história acima ilustra bem a dificuldade que envolve os gêneros ligados às histórias em quadrinhos. É só observar os diferentes nomes atribuídos a essa narrativa de humor: tira, tira cômica, tira em quadrinhos, tira de quadrinhos, tirinha, tira de jornal, tira diária, tira jornalística. O vestibular de 2006 da PUC-SP (Pontifícia Universidade Católica de São Paulo) chamou uma história semelhante de duas formas diferentes em duas questões da mesma prova: ora como charge, ora como tira de quadrinhos. O jornal *Folha de S.Paulo* usa o rótulo "quadrinhos" no espaço do caderno de cultura que publica tiras assim. Há até quem as chame de piadas ou piadinhas.

Muitas vezes, esse excesso de nomes é consequência de um desconhecimento das características das histórias em quadrinhos e de seus diferentes gêneros. Sem saber direito do que se trata, escolhe-se um termo provisório e sem muito critério. Do ponto de vista do leitor, essa pluralidade de rótulos pode até atrapalhar a leitura. *Charge* e *tira cômica*, por exemplo, são textos unidos pelo humor, mas diferentes no tocante às características de produção. Para ficar em apenas uma distinção: a charge aborda temas do noticiário e trabalha em geral com figuras reais representadas de forma caricata, como os políticos; a tira mostra personagens fictícios, em situações igualmente fictícias.

Ter uma noção clara do que se trata cada gênero contribui muito para uma leitura mais aprofundada e crítica dos quadrinhos e ajuda na elaboração de práticas pedagógicas na área da educação. A proposta deste capítulo é iniciar um debate sobre as características de tais gêneros.

> Trabalhamos nesta obra com um conceito de gênero semelhante ao proposto por Bakhtin (2000): são tipos relativamente estáveis de enunciado usados numa situação comunicativa para intermediar o processo de interação.

Dizemos "iniciar" porque temos plena ciência de que é tema para um estudo mais aprofundado e detalhado. Acreditamos, no entanto, ser possível mapear a essência do que define algumas das formas de apresentação dos quadrinhos, de modo que se possa entender melhor cada uma delas e, ao mesmo tempo, distinguir uma da outra.

Mas, antes de uma discussão sobre o assunto, é preciso entender o que é exatamente uma história em quadrinhos e, principalmente, o que ela não é.

Uma linguagem autônoma

É muito comum alguém ver nas histórias em quadrinhos uma forma de literatura. Adaptações em quadrinhos de clássicos literários – como ocorreu com *A relíquia*, de Eça de Queirós, e *O alienista*, de Machado de Assis, para ficar em dois exemplos – ajudam a reforçar esse olhar. Chamar quadrinhos de literatura, a nosso ver, nada mais é do que uma forma de procurar rótulos socialmente aceitos ou academicamente prestigiados (caso da literatura, inclusive a infantil) como argumento para justificar os quadrinhos, historicamente vistos de maneira pejorativa, inclusive no meio universitário.

Quadrinhos são quadrinhos. E, como tais, gozam de uma linguagem autônoma, que usa mecanismos próprios para representar os elementos narrativos. Há muitos pontos comuns com a literatura, evidentemente. Assim como há também com o cinema, o teatro e tantas outras linguagens.

Barbieri (1998) defende a premissa de que as várias formas de linguagem não estão separadas, mas, sim, interconectadas. O autor usa uma metáfora para explicar seu ponto de vista. A linguagem seria como um grande ecossistema, cheio de pequenos nichos distintos uns dos outros (que chamou de ambientes). Cada nicho (ou ambiente) teria características próprias, o que garantiria autonomia em relação aos demais. Isso não quer dizer, no entanto, que não possam compartilhar características comuns.

Transpondo o raciocínio para a prática: o cinema, o teatro, a literatura, os quadrinhos e tantas outras formas de linguagem comporiam ambientes próprios e autônomos. Mas todos compartilhariam elementos de outras linguagens, cada um à sua maneira.

Para Barbieri, os quadrinhos dialogam com recursos da ilustração, da caricatura, da pintura, da fotografia, da parte gráfica, da música e da poesia (trabalhadas por ele de forma integrada), da narrativa, do teatro e do cinema.

Isso não significa que os *comics*, termo usado por ele, não constituam um nicho próprio e autônomo. Pelo contrário. O ambiente quadrinístico já teria se "emancipado" e constituído há mais de um século possibilidades próprias de **linguagem**.

> A leitura de que os quadrinhos constituem uma linguagem autônoma é compartilhada com outros autores, caso de Cirne (1970), Eisner (1989), Acevedo (1990) e Eco (1993).

Essa interpretação permite inferir que os recursos dos quadrinhos nada mais são do que respostas próprias a elementos constituintes da narrativa.

O espaço da ação é contido no interior de um quadrinho. O tempo da narrativa avança por meio da comparação entre o quadrinho anterior e o seguinte ou é condensado em uma única cena. O personagem pode ser visualizado e o que ele fala é lido em balões, que simulam o discurso direto.

As histórias em quadrinhos representam aspectos da oralidade e reúnem os principais elementos narrativos, apresentados com o auxílio de convenções que formam o que estamos chamando de linguagem dos quadrinhos. Temos de ressaltar, no entanto, que há casos em que a separação entre as linguagens pode ser sutil, como nos livros infantis. As ilustrações integram as páginas da história ou apenas exemplificam trechos da parte escrita? No que esse recurso difere dos quadrinhos que usam imagens e frases no fim de cada cena?

Um caminho para a resposta é não deixar de lado os aspectos sociointeracionais de cada texto. Quem produz a obra tem uma intenção ao escrevê-la. O leitor, ao entrar em contato com o texto, cria uma expectativa de leitura, que não pode ser ignorada. Comprar uma obra como história em quadrinhos, vendida numa banca de jornais ou na seção de história em quadrinhos de uma livraria, estabelece ao menos duas inferências na pessoa (fruto de conhecimentos prévios): estou adquirindo uma obra em quadrinhos e é o que vou ler quando folhear as páginas da publicação. Um raciocínio semelhante pode ser aplicado aos livros infantojuvenis. Na prática, não há diferença no tocante ao uso dos recursos de linguagem em ambos os casos. A distinção é de ordem extratextual.

O importante é fixar a ideia de que quadrinhos e literatura são linguagens diferentes, que abrigam uma gama de gêneros diferentes. Entendido o que os quadrinhos não são, falta detalhar o que eles efetivamente são. Ramos (2007), com base na análise de obras em quadrinhos e de estudos sobre a área, identificou algumas tendências:

- diferentes gêneros utilizam a linguagem dos quadrinhos;
- predomina nas histórias em quadrinhos a sequência ou tipo textual narrativo;
- as histórias podem ter personagens fixos ou não;
- a narrativa pode ocorrer em um ou mais quadrinhos, conforme o formato do gênero;
- em muitos casos, o rótulo, o formato, o suporte e o veículo de publicação constituem elementos que agregam informações ao leitor, de modo a orientar a percepção do gênero em questão;
- a tendência nos quadrinhos é a de uso de imagens desenhadas, mas ocorrem casos de utilização de fotografias para compor as histórias.

Com base nesse levantamento, o autor definiu histórias em quadrinhos como um grande rótulo que une as características apresentadas anteriormente, utilizadas em maior ou menor grau por uma diversidade de gêneros, nomeados de diferentes maneiras.

Todos esses gêneros teriam em comum o uso da linguagem dos quadrinhos para compor um texto narrativo dentro de um contexto sociolinguístico interacional. Por essa definição, caricatura e ilustração, por não constituírem narrativas, não são vistas como gêneros dos quadrinhos.

Quadrinhos seriam, então, um grande rótulo, um **hipergênero**, que agregaria diferentes outros gêneros, cada um com suas peculiaridades.

> O termo hipergênero é usado por Maingueneau em mais de uma obra (2004, 2005, 2006). O linguista defende que se trata de um rótulo que daria as coordenadas para a formatação textual de vários gêneros que compartilhariam diversos elementos. O autor cita como exemplo o caso do diálogo, presente em vários gêneros.

Os diferentes gêneros

Há uma tendência na literatura científica sobre os quadrinhos de classificá-los por gêneros. Os poucos estudos linguísticos existentes a respeito costumam seguir caminho semelhante, com maior ou menor profundidade. O cuidado que se deve ter com essas abordagens é que nem sempre apresentam as mesmas conclusões.

É possível identificar pelo menos três comportamentos teóricos:

- o que vê os quadrinhos como um grande rótulo que abriga diferentes gêneros;
- o que vincula os gêneros de cunho cômico – charge, cartum, caricatura e tiras (em alguns casos, chamadas

de quadrinhos) – num rótulo maior, denominado *humor gráfico* ou *caricatura* (usada neste segundo momento num sentido mais amplo);
- o que aproxima parte dos gêneros, em especial as charges e as tiras cômicas, da linguagem jornalística (linha apoiada no fato de serem textos publicados em jornal).

As três abordagens, é importante registrar, são perfeitamente válidas. A escolha por uma opção teórica ou outra vai depender muito do objeto que se quer estudar. Se o interesse da pesquisa for, por exemplo, os desenhos dos vários salões de humor existentes no país, é interessante enquadrar a análise na linha do humor gráfico. Caso o foco do estudo esteja no teor jornalístico das produções, a melhor opção metodológica é observá-las dentro do viés jornalístico.

Seguimos, neste estudo, a **linha teórica** que vê os quadrinhos como um grande rótulo que agrega vários gêneros que compartilham uma mesma linguagem em textos predominantemente narrativos.

> Essa visão é trabalhada por Cagnin (1975), Mendonça (2002) e, de forma mais detalhada, por Ramos (2007).

Podem ser abrigados dentro desse grande guarda-chuva chamado *quadrinhos* os cartuns, as charges, as tiras cômicas, as tiras cômicas seriadas, as tiras seriadas e os vários modos de produção das histórias em quadrinhos. Expomos a seguir, de forma bem resumida, as principais características de produção de cada um deles e de como tendem a ser vistos pelo leitor dentro do processo de interação sociocognitiva.

A *charge* é um texto de humor que aborda algum fato ou tema ligado ao noticiário. De certa forma, ela recria o fato de forma ficcional, estabelecendo com a notícia uma **relação intertextual**.

> Romualdo (2000) vê na relação intertextual um dos elementos constituintes da charge. O tema do desenho pode ser pautado por notícias reportadas de forma verbal, visual (caso das fotos) ou verbo-visual.

Os políticos brasileiros costumam ser grande fonte de inspiração (não é por acaso que a charge costuma aparecer na parte de política ou de opinião dos jornais).

Um exemplo:

Figura 1.2 – Charge de Cláudio ironiza Lula e Fernando Henrique.

A charge foi publicada no jornal paulistano *Agora* nos meses iniciais do primeiro mandato do presidente Luiz Inácio Lula da Silva (o primeiro mandato dele foi de 2003 a 2006). O texto usa o humor para fazer uma crítica à política econômica adotada por Lula na época. A brincadeira se baseia na premissa de que as medidas propostas por ele para manter a inflação sob controle (alta na taxa de juros e redução na oferta de crédito para inibir o consumo) são as mesmas do governo anterior, administrado por Fernando Henrique Cardoso. Ao seguir o mesmo modelo econômico, Lula se torna Fernando Henrique, como mostrado na última cena do desenho.

O leitor, para entender o texto, deveria recuperar os dados históricos da época e inferir que os personagens mostrados na charge são caricaturas dos dois presidentes. O tema do humor presente na narrativa, como se vê, está atrelado ao noticiário político do início do ano de 2003.

Não estar vinculado a um fato do noticiário é a principal diferença entre a charge e o *cartum*. No mais, são muito parecidos. Para ilustrar essa distinção, veja a imagem a seguir, feita pelo argentino Quino:

Figura 1.3 – No *cartum* de Quino, carimbo marca várias tentativas de se matar uma aranhinha.

A cena mostra várias marcas de carimbo na mesa, no chão e na parede. Seriam as muitas tentativas de matar a aranha até que ela fosse definitivamente derrubada (como indica a posição dela no chão, no canto direito inferior do desenho). Mesmo sendo mostrado em apenas um quadro, o cartum consegue sintetizar uma sequência entre um antes e um depois, elementos mínimos da estrutura narrativa. Infere-se que o antes seriam a descoberta da aranha na parede e as várias carimbadas; o depois, a cena em si, tal como foi desenhada.

É importante observar que o humor advém de uma situação corriqueira: a tentativa de matar uma aranha. Não se trata de um assunto do noticiário jornalístico. Não custa reforçar: é essa a principal diferença entre charge e cartum.

O formato é tão presente na composição da tira que foi incorporado ao nome do gênero. A mais conhecida e publicada é a *tira cômica*, também chamada por uma série de outros nomes, já apresentados no início deste capítulo. Por ser a mais difundida, muitas vezes é vista como sinônimo de *tira*, interpretação que também seguimos nesta obra. A tira cômica é a que predomina nos jornais brasileiros – e também nos da maioria dos países.

A temática atrelada ao humor é uma das principais características do gênero tira cômica. Mas há outras: trata-se de um texto curto (dada a restrição do formato retangular, que é fixo), construído em um ou mais quadrinhos, com presença de personagens fixos ou não, que cria uma narrativa com desfecho inesperado no final.

Para Ramos (2007), o gênero usa estratégias textuais semelhantes a uma piada para provocar efeito de humor. Essa ligação é tão forte que a tira cômica se torna um híbrido de piada e quadrinhos. Por isso, muitos a rotulam como sendo efetivamente uma piada.

A tira de *Classificados*, lida no início do capítulo, pode servir de exemplo de tira cômica. A situação inesperada, que leva ao humor, é o assaltante inexperiente tentar roubar dois policiais fortemente armados. O tom cômico é reforçado pela resposta de um deles: "Certo; então deixa eu ensinar umas coisinhas". Outro exemplo:

Figura 1.4 – Narrativa de *Garfield* provoca desfecho inesperado, característica do gênero tira cômica.

O humor da tira está num pensamento inesperado do gato Garfield, conhecido por ser excessivamente folgado e comilão. O trecho "prepare algo para você também", presente no último quadrinho, gera no leitor a inferência de que Garfield vai comer as 40 dúzias de biscoitos que serão assadas pelo dono, fato mostrado na primeira cena.

Por ser uma tira de personagem fixo, cabe a quem lê a tarefa de acionar as características que constroem a personalidade marcante do gato para produzir o sentido pretendido pelo autor, Jim Davis. É outra semelhança com as piadas. Algumas delas também possuem personagens fixos, como o português ou a loira, para ficar em dois casos.

Apesar de a tira cômica ser a forma mais conhecida, não é o único gênero de tira existente. Há pelo menos dois outros: as tiras cômicas seriadas e as tiras seriadas.

As *tiras seriadas* (podem ser chamadas também de *tiras de aventuras*), como o próprio nome sugere, estão centradas numa história narrada em partes. É um mecanismo parecido com o feito nas telenovelas. Cada tira traz um capítulo diário interligado a uma trama maior. Se as tiras forem acompanhadas em sequência, funcionam como uma história em quadrinhos mais longa. É muito comum o material ser reunido posteriormente na forma de revistas ou livros.

Foi o que ocorreu com a sequência a seguir, de *Dick Tracy*:

Figura 1.5 – Tira seriada de *Dick Tracy*, de 29 de julho de 1952.

A tira foi publicada nos jornais norte-americanos em 29 de julho de 1952. A cena dava sequência à ação iniciada no dia anterior. Dick Tracy passeia com a família numa lancha e se torna alvo de um atirador. A última cena mostra que um tiro foi disparado em direção a ele. A aventura continuou no dia seguinte:

Figura 1.6 – Tira seriada de *Dick Tracy*, de 30 de julho de 1952.

A ação é iniciada segundos antes do desfecho do dia anterior. A primeira cena mostra Dick Tracy de perfil na mira do atirador. Somente no segundo quadrinho é que o tiro acerta o protagonista da tira de aventuras. O capítulo do dia termina com o personagem caindo no mar. O mistério continuou no jornal do dia seguinte:

Figura 1.7 – Tira seriada de *Dick Tracy*, de 31 de julho de 1952.

O primeiro quadrinho traz uma espécie de resumo da trama até aquele momento. O desenrolar da história só vai ocorrer nas cenas seguintes. E nos dias seguintes. Em geral, uma história assim dura semanas ou até mesmo meses, como foi o caso dessa.

É interessante notar que, isoladamente, tais tiras seriadas formam um gênero autônomo, com diferentes temáticas, que é produzido e lido em capítulos. Mas, quando organizadas em sequência em livro, ficam mais próximas das histórias em quadrinhos convencionais do que de tiras seriadas propriamente ditas.

Merece menção o fato de que esse gênero quase inexiste no Brasil, embora já tenha sido muito popular no país. Ainda é produzido nos Estados Unidos e, até alguns anos atrás, na Argentina também.

A *tira cômica seriada* fica na exata fronteira que separa a tira cômica da tira seriada. Trata-se de um texto que usa elementos próprios às tiras cômicas, como o desfecho inesperado da narrativa, que leva ao efeito de humor, mas, ao mesmo tempo, a história é produzida em capítulos, assim como ocorre com a tira de aventuras.

Ed Mort, personagem criado por Luis Fernando Verissimo e Miguel Paiva, é um dos melhores exemplos nacionais do gênero:

Figura 1.8 – O detetive *Ed Mort* em uma de suas investigações.

No exemplo, o detetive que dá nome à tira faz um interrogatório para saber se o "rato gigantesco" se chama Mickey e se o pato é Donald (referência aos personagens de Walt Disney). A brincadeira inesperada no fim é que Ed Mort diz conhecer os dois. O outro colega que o acompanha no interrogatório ironiza, dando a entender que Mickey Mouse e Pato Donald sejam amigos do detetive. "Pensei que eu fosse o seu amigo mais estranho...", diz na última cena. É o que provoca o humor.

A história continuava desse ponto na tira publicada no jornal do dia seguinte:

Figura 1.9 – *Ed Mort*: tira continua do ponto onde parou no dia anterior.

O fato de a pessoa interrogada conhecer Mickey e Pato Donald levou o detetive a inferir que ela acompanhara crianças à Disneyworld, nos Estados Unidos. Note que o leitor que não tivesse lido o capítulo do dia anterior não teria o conhecimento prévio do que se tratava a história. Mas isso não o impediria de entender a piada do dia.

Ed Mort diz que qualquer imbecil entende qual é a ligação entre a presença da moça na Disneyworld com as esmeraldas. Mas a leitura sugere que nem ele nem seu interlocutor conseguem dizer qual é essa relação. Para não assumir a falha, optam por chamar um "verdadeiro" imbecil, o garçom.

Ocorre com a tira cômica seriada o mesmo comportamento visto na tira seriada: se reproduzida em sequência em um livro, pode ser lida como uma história em quadrinhos mais longa.

Essa "história em quadrinhos mais longa", como temos chamado, é a base de uma série de outros gêneros. Em comum, esses textos têm a característica de serem publicados em suportes que permitem uma condução narrativa maior e mais detalhada. É o que ocorre com as revistas em quadrinhos, com os álbuns (nome dado a edições parecidas com livros) e com a página dominical (termo usado para definir as histórias de uma página só publicadas em geral nos jornais).

A diversidade de gêneros, nesse caso, está atrelada a uma série de fatores, como a intenção do autor, a forma como a história é rotulada pela editora que a publica, a maneira como a trama será recebida pelo leitor, o nome com o qual o gênero foi popularizado e que o tornou mais conhecido junto ao público.

É um assunto complexo e que precisa de um estudo mais aprofundado. Mas podem-se ver algumas tendências. Parece haver um maior interesse em rotular tais gêneros pela temática da história: super-heróis, terror, infantil, detetive, faroeste, ficção científica, aventura, biografia, humor, mangá (nome dado ao quadrinho japonês e a seus diferentes gêneros), erótica, literatura em quadrinhos (adaptações de obras literárias), as extintas fotonovelas, o jornalismo em quadrinhos (reportagens feitas na forma de quadrinhos).

Seguramente há mais temas possíveis e outros mais ainda surgirão. Mas o importante é frisar que cada um pode constituir um gênero autônomo, publicado em diferentes formatos e suportes.

A necessidade de novos estudos

A leitura dos gêneros dos quadrinhos feita neste capítulo está longe de ser uma classificação rígida e imutável. Temos ciência de que o que foi exposto não esgota o assunto, por mais detalhada que procurou ser sua apresentação. Mas é um começo de debate para necessários estudos linguísticos sobre o tema.

A proposta foi mostrar as tendências de produção e recepção dos gêneros dos quadrinhos de modo a facilitar sua identificação e, principalmente, sua leitura.

Ler quadrinhos é ler sua linguagem. Dominá-la, mesmo que em seus conceitos mais básicos, é condição para a plena compreensão da história e para a aplicação dos quadrinhos em sala de aula e em pesquisas científicas sobre o assunto.

Vergueiro (2006) vai mais além: fala da necessidade de uma "alfabetização" na área, de modo a melhor compreendê-la, assim como se fala em "alfabetização digital" neste início de século XXI.

As características da linguagem dos quadrinhos, necessárias a essa "alfabetização", serão vistas nos próximos capítulos.

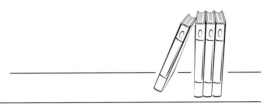

A representação da fala e do pensamento

Figura 2.1 – *Calvin e Haroldo*.

A linguagem dos quadrinhos possui uma série de recursos para representar a fala. A tira cômica acima, de *Calvin e Haroldo*, mostra duas possibilidades. A primeira é que as falas são representadas com o auxílio dos balões. A outra possibilidade é mostrada no último quadrinho. O tigre Haroldo tenta imitar a pronúncia do garoto aos três anos de idade. O mecanismo usado foi a troca de letras na grafia das sílabas de algumas palavras ("vofê", em lugar de "você", "favendo", em vez de "fazendo", para ficar em dois casos).

Uma das funções do balão é mesmo a de representar as falas. É um formato tão conhecido que os italianos deram o nome de "fumetti" aos quadrinhos, uma alusão ao molde de "fumacinha" do balão de pensamento.

Há diferentes definições para o termo *balão*, embora semelhantes no conteúdo:

- balão é conceituado por Eisner (1989) como "o recipiente do texto-diálogo proferido pelo emissor";
- para Acevedo (1990), "é uma convenção própria da história em quadrinhos que serve para integrar à vinheta o discurso ou o pensamento dos personagens";
- segundo Cagnin (1975), "é o elemento que indica o diálogo entre as personagens e introduz o discurso direto na sequência narrativa";
- para Vergueiro (2006), é uma forma de indicar ao leitor a mensagem "eu estou falando";
- Fresnault-Deruelle (1972) afirma que é o "espaço dentro do qual se transcrevem as palavras proferidas pelos protagonistas" (trecho traduzido do francês);
- Eguti (2001) o define como "um espaço onde são escritas as palavras proferidas pelas diversas personagens"; a autora acrescenta que o balão apresenta "diferentes formatos indicando a fala entre as personagens por meio do diálogo direto e do diálogo interior".

A ponderação que se pode fazer a essas definições é que elas se atêm muito à fala no discurso direto. Balões também podem sugerir o pensamento dos personagens. Por isso, vale cautela sugerida por Eco (1993): o balão, na fala, significa "discurso expresso"; se for imaginado, "discurso pensado".

Esse raciocínio leva à necessidade de uma definição mais abrangente de balão. O recurso gráfico seria uma forma de representação da fala ou do pensamento, geralmente indicado por um *signo de contorno* (linha que envolve o balão), que procura recriar um solilóquio, um monólogo ou uma situação de interação conversacional.

Há um motivo para a inclusão do solilóquio e do monólogo na definição. É comum ver o pensamento de um personagem descrito em palavras ou flagrá-lo falando em voz alta, tendo a si mesmo como interlocutor. O primeiro caso seria um monólogo, não compartilhado com outras pessoas. O segundo, uma situação de solilóquio.

> A questão é levantada por Eguti (2001), em estudo sobre a representação da oralidade nos quadrinhos. Barbieri (1998) também aborda o tema, mas sem fazer distinção entre um termo e outro. Para o autor, há apenas o monólogo, uma herança da linguagem do teatro.

A distinção é muito pertinente. Pensar algo é bem diferente de ficar falando sozinho em voz alta. Outro aspecto que justifica a distinção é que um caso é representado com balões de pensamento (monólogo) e o outro, com balões de fala (solilóquio).

As figuras a seguir representam os dois casos, respectivamente:

Figura 2.2
Grump, caso de monólogo.

Figura 2.3
Grump, exemplo de solilóquio.

Os balões talvez sejam o recurso que mais identifica os quadrinhos como linguagem. No entender de Fresnault-Deruelle (1972), são eles que dão originalidade e ajudam a tornar as histórias em quadrinhos um gênero específico.

A técnica foi popularizada dentro desse ambiente (os quadrinhos), mas não criada por ele. Os maias, por exemplo, fizeram experimentos de colocar a ponta do que parecia ser um colchete na direção da boca do ser representado. Há registro de imagens dos séculos XIII e XIV que também utilizavam o recurso. Acevedo (1990) cita um mecanismo semelhante ao dos balões utilizado em filacteras, frases usadas para atribuir fala às pessoas representadas em pinturas cristãs, como "A primeira nova crônica e bom governo", de Felipe Guamán Poma de Ayala (feita entre 1587 e 1615). Houve outras experiências nas imagens utilizadas pela imprensa nos séculos seguintes. Em todos os casos, ocorriam ensaios de tentativas de reprodução da fala.

No fim do século XIX, ganhou força o recurso de um balão apontando na direção da pessoa desenhada. Há registro disso, por exemplo, na história inglesa *Ally Sloper's Half Holiday*, de 1886. O mecanismo visual foi utilizado também em *The Yellow Kid*, nos Estados Unidos, a partir de 1895. O mais comum, no entanto, era a fala do personagem ser mostrada no manto que usava. Era uma de suas principais características, como mostra a sequência a seguir, de 1896:

Figura 2.4 – *The Yellow Kid*, publicado em 25 de outubro de 1896 no *New York Journal*.

Nos anos seguintes, o recurso evoluiu e passou a ser usado nas demais histórias norte-americanas que surgiam, como *Katzenjammer Kids* (Os sobrinhos do capitão) e *Little Nemo in Slumberland* (esse também foi o nome como ficou conhecido no Brasil). Estabilizou-se no formato do que hoje entendemos por balão.

A técnica passou a indicar, inicialmente, o trecho de fala em discurso direto. Tornou-se a maneira visual de o personagem se apresentar em primeira pessoa, uma adaptação do conteúdo indicado por travessões e aspas nos textos literários e jornalísticos. Com os anos, ganhou novos contornos e formatos, indicando também o pensamento.

As várias formas do balão

O balão, para Acevedo (1990), possui dois elementos: o continente (corpo e rabicho/apêndice) e o conteúdo (linguagem escrita ou imagem). O *continente* pode adquirir diversos formatos, cada um com uma carga semântica e expressiva diferente. A chave para entender os diferentes sentidos está na linha que contorna o quadrinho. A linha preta e contínua (reta ou curvilínea) do balão é tida como o modelo mais "neutro", que serve de referência para os demais casos. Esse molde simula a fala, dita em tom de voz normal. Por isso, convencionou-se chamar de balão de fala ou balão-fala.

Tudo o que fugir ao balão de fala adquire um sentido diferente e particular. O balão continua indicando a fala ou o pensamento do personagem, mas ganha outra conotação e expressividade. O efeito é obtido por meio de variações no contorno, que formam um código de sentido próprio na linguagem dos quadrinhos. As linhas tracejadas sugerem voz baixa ou sussurro. A forma de nuvem revela o pensamento ou imaginação da figura representada. O sentido dos traços em ziguezague varia conforme o contexto situacional. Podem indicar, por exemplo, voz alta, gritos, sons eletrônicos.

Cagnin (1975) propõe alguns nomes para as diferentes formas de balão:

Figura 2.5 – Balão de fala.

Figura 2.6 – Balão-pensamento.

balão-fala – o mais comum e expressivamente o mais neutro; possui contorno com traçado contínuo, reto ou curvilíneo; também é conhecido como balão de fala;

balão-pensamento – contorno ondulado e apêndice formado por bolhas; possui o formato de uma nuvem; indica pensamento;

Figura 2.7 – Balão-cochicho.

Figura 2.8 – Balão-berro.

balão-cochicho – linha pontilhada, possui indicação de tom de voz baixo;

balão-berro – extremidades para fora, como uma explosão; sugere tom de voz alto;

Figura 2.9 – Balão-trêmulo.

Figura 2.10 – "Balão de linhas quebradas".

balão-trêmulo – linhas tortas; sugere medo ou voz tenebrosa;

"balão de linhas quebradas" – para indicar fala vinda de aparelhos eletrônicos; Eguti (2001) opta pelo termo *balão-faíscas elétricas*;

Figura 2.11 – Balão-vibrado.

Figura 2.12 – Balão-glacial.

balão-vibrado – indica voz tremida;

balão-glacial – desprezo por alguém ou choro; é "glacial" porque parece gelo derretendo;

Figura 2.13 – Balão-uníssono.

balão-uníssono – reúne a fala de diferentes personagens;

Figura 2.14 – Balão-zero.

balão-zero ou ausência de balão – é quando não há o contorno do balão; é indicado com ou sem o apêndice;

Figura 2.15 – Balões-intercalados.

balões-intercalados – durante a leitura dos balões de um personagem, pode haver outro balão com a fala de um interlocutor;

Figura 2.16 – Balão-mudo.

balão-mudo – não contém fala; em geral, aparece com um sinal gráfico (como os pontos);

Figura 2.17 – Balão-composto.

balões-duplos – indica, em princípio, dois momentos de fala.

Há a necessidade de rever o conceito de *balão-duplo* sugerido por Cagnin. O termo implica que haja dois momentos de fala, e apenas dois. Na prática, nem sempre é assim. Há situações em que ocorrem três, quatro ou até mais sequências de fala do mesmo personagem.

Por isso, propomos uma alteração no nome, de modo a abarcar também balões com múltiplos momentos de manifestação verbal da figura representada. Sugerimos o termo *balão-composto*, exemplificado a seguir:

Figura 2.18 – Balão-composto.

Eguti (2001) acrescenta outros três tipos de balão:

Figura 2.19 – Balão-sonho.

balão-sonho – mostra em imagens o conteúdo do sonho do personagem;

Figura 2.20 – Balão de apêndice cortado.

balão de apêndice cortado – é usado para indicar a voz de um emissor que não aparece no quadrinho (veremos este caso mais detalhadamente quando observarmos as características do apêndice);

Figura 2.21 – Balões-especiais.

balões-especiais – ocorrem quando assumem a forma de uma figura e conotam o sentido visualmente representado.

Robert Benayoun, em *Le Ballon dans la Bande Dessinée*, elenca 72 formas distintas de balão. É bem provável que o número esteja defasado. À época do levantamento, não

> Esse levantamento é mencionado por diferentes autores, caso de Cirne (1970; 1975), Cagnin (1975) e Eguti (2001).

havia a presença do computador. As histórias em quadrinhos, hoje, contam com os inesgotáveis recursos da informática para serem produzidas. Isso permite, por exemplo, a criação de balões personalizados para cada personagem.

Um caso, apenas para ilustrar.

A figura a seguir mostra a personagem Kitty Pride, integrante do grupo de super-heróis X-Men, relembrando um momento específico de sua vida. O recurso encontrado para ilustrar a sequência foi desenhar a heroína vendo a cena do passado. O trecho da lembrança foi feito com um balão transparente, de modo a indicar para o leitor que aquela fala não se passava no presente.

Figura 2.22 – Em *Surpreendentes X-Men*, balão transparente representa fala dita no passado.

É bem possível que um novo levantamento nunca estabeleça, com total certeza, quantos balões realmente existem. O que é importante fixar, no entanto, é que o balão é uma fonte riquíssima de recursos, inclusive de metalinguagem.

O aspecto de *metalinguagem* é de particular interesse para as tiras cômicas. É muito usado como recurso de humor. Na tira a seguir, o personagem Cebolinha, de Mauricio de Sousa, só se salva da queda de um penhasco porque se segura no balão da própria fala:

Figura 2.23 – Uso da metalinguagem é muito comum em tiras, como nesta, de *Cebolinha*.

Os recursos expressivos do apêndice

Seguindo o modelo de Acevedo, o continente do balão possui ainda um apêndice.

Os dois elementos – balão e apêndice – estão umbilicalmente associados. Trata-se de uma extensão do balão, que se projeta na direção do personagem. Seria o "indicador que parte do balão para o emissor", segundo Eisner (1989), ou a forma de os quadrinhos representarem o discurso direto, para Cagnin (1975). O recurso inibe – mas

> O termo *apêndice*, adotado neste livro, é usado por Fresnault-Deruelle (1972) e Cagnin (1975). Mas merece registro que outros autores preferem o nome *Rabicho*, caso de Acevedo (1990), Eguti (2001), Santos (2002) e Vergueiro (2006). A tradução da obra de Eisner (1989) opta por um terceiro termo: *Rabinho*.

não impede – a utilização de *verbos dicendi*, travessões ou aspas, próprios de textos narrativos.

O modelo tradicional tem apenas um apêndice, indicando o autor da fala ou do pensamento (como visto nos exemplos anteriores). Um balão pode, entretanto, ter mais de um apêndice. É o caso dos balões-uníssonos, já mencionados (figura 2.13), em que a fala é pronunciada simultaneamente por mais de uma pessoa, em coro.

O personagem que fala por meio do balão não precisa necessariamente estar presente na cena. Sua existência pode ficar implícita no contexto da leitura. Pode ser representado com balões de apêndice cortado ou com balões de fala.

No caso a seguir, o apêndice vai em direção a uma janela. Infere-se que o personagem, o "dono da voz", está na parte interna do apartamento e que lá é o local da conversa.

Figura 2.24 – Apêndice indica fala dentro do prédio.

O caso da próxima figura é da mesma página da história do exemplo anterior, do herói Adam Strange. A direção do apêndice também sugere que o personagem está falando de dentro do prédio. A diferença é que essa interpretação é reforçada por um elemento expressivo no fim do apêndice. Em vez de ser pontiagudo ou cortado, tem um formato parecido com o de uma estrela. A estratégia visual indica que a parede do prédio barrou a passagem do apêndice. É como um jorro d'água: quando atinge o chão, espalha-se.

Figura 2.25 – Forma de estrela na ponta do apêndice.

É raro encontrar um balão sem apêndice. O recurso foi usado no desfecho da minissérie norte-americana *Crise de identidade*. O personagem Ralph Dibny, identidade do super-herói Homem Elástico, teve a mulher assassinada. Um colega recomenda a ele que converse em voz alta com a esposa, mesmo morta. Seria uma forma de superar a perda.

A próxima figura mostra um trecho da história. Dibny aparece deitado na cama, "falando" com ela. No último quadrinho, com as luzes do quarto apagadas, o balão reproduz os dizeres "também te amo". O autor da história, Brad Meltzer, pediu que fosse retirado o apêndice daquele balão. O escritor queria criar no leitor a impressão de ambiguidade. Quem teria falado o "também te amo"? O Homem Elástico, a esposa assassinada ou os dois?

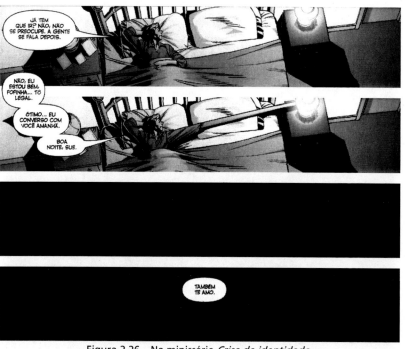

Figura 2.26 – Na minissérie *Crise de identidade*, apêndice não aparece no balão do último quadrinho.

Fresnault-Deruelle (1972) defende que os apêndices fazem a intermediação entre as partes verbal e visual, ou, em outras palavras, entre o balão e o personagem. O autor classifica em dois tipos: o *ordinário*, que representa a fala, e o *em forma de bolha*, que indica o pensamento.

Essa divisão não aborda a fundo o aspecto expressivo do apêndice, visto anteriormente no exemplo da figura 2.25. Tal qual o contorno do balão, o traçado do apêndice pode mudar e adquirir sentidos contextualmente distintos, principalmente no tocante à representação da fala. O apêndice pode acompanhar o contorno do balão ou apresentar uma caracterização própria.

Nesta sequência de *Incal*, obra desenhada pelo francês Moebius, o elemento expressivo é o apêndice, e não o balão. O apêndice em forma toda quebrada é o indicador de que a voz sai de um aparelho eletrônico, uma espécie de televisor futurista. O contorno do balão, apesar de tradicional, acompanha o sentido sugerido pelo apêndice.

Figura 2.27 – Em *Incal*, apêndice é a chave para perceber o valor expressivo da fala.

Algo parecido ocorre nestes cartuns do brasileiro Ziraldo. Não há o contorno dos balões, apenas indicações de fala e de pensamento (caso do balão-zero). Na figura da esquerda, o que indica que o conteúdo verbal é dito por meio de um telefone, ou falado por um homem, é o valor expressivo do apêndice. No outro desenho, são as bolhas do apêndice que sugerem ser pensamento, e não fala, do personagem.

Figura 2.28
Diferentes valores expressivos do apêndice.

Figura 2.29
Apêndice indica pensamento.

O apêndice pode ainda adquirir outros formatos, cada um sugerindo um efeito de sentido diferente. O uso vai depender da criatividade de cada desenhista. Alguns exemplos:

- formato de seta

Figura 2.30 – Na tira de *Piratas do Tietê*, setas indicam o que está escrito no papel deixado nos carros.

- formato de corações

Figura 2.31 – *Zé Carioca*: apêndice com corações.

- formato de mão

Figura 2.32 – *Pato Donald*: apêndice com mão.

As diferentes vozes presentes na legenda

O último exemplo, extraído de uma história de *Pato Donald*, mostra um apêndice em forma de mão. Mas ele não sai de um balão. Está ligado a uma figura com formato retangular, o que a distingue dos vários casos de balão vistos até aqui. É o que se convencionou chamar de *legenda*, outro recurso da linguagem dos quadrinhos.

Para Vergueiro (2006), a legenda aparece no canto superior do quadrinho, antes da fala dos personagens, para representar "a voz do narrador onisciente". Eguti (2001) tem leitura semelhante: seria a narração de alguém externo à ação, em que o "narrador é onisciente e os verbos apresentam-se em terceira pessoa".

Cagnin (1975) vê o recurso normalmente no extremo superior da vinheta, pois é onde se dá o início da leitura. Afirma, no entanto, que pode ocupar uma faixa num quadrinho ou até mesmo a vinheta inteira. Já existem exemplos que mostram que a legenda pode vir em outros pontos, inclusive na parte inferior do quadrinho.

Defendemos que não é apenas o narrador onisciente que tem direito ao uso da legenda. O narrador-personagem também pode se apropriar do recurso. É comum em algumas histórias o aparecimento do rosto do personagem, de modo a identificá-lo como o narrador daquele trecho, geralmente fazendo menção a um fato no passado (ou *flashback*).

É como mostra este exemplo, de *Os Novos Titãs*. No canto esquerdo superior do quadrinho, aparece o rosto do herói Robin, parceiro de Batman. O recurso indica que Robin descreve, do seu ponto de vista, a batalha contra o vilão Trigon. É do herói mirim a fala da legenda no canto esquerdo inferior: "Ficamos lá, indefesos, perdidos...".

Figura 2.33 – *Os Novos Titãs*: simulação de flashback.

A cor da legenda também pode identificar quem fala. Nas histórias da revista *Superman/Batman*, que começou a ser publicada no Brasil em 2005, os dois heróis – os protagonistas da série – alternam o papel de narrador.

O escritor Jeph Loeb viu na cor o recurso que precisava para destacar quando o conteúdo da legenda era de um e quando era de outro. A legenda do Super-Homem foi representada com a cor amarela. Para Batman, a opção foi a cor azul escura. As duas cores compunham parte dos uniformes dos dois personagens, o que ajudava na identificação de quem era o autor da fala contida naquela legenda.

Há casos em que a legenda simula a forma de narrativa usada nos romances. Mescla a voz do narrador com a dos personagens, representados em discurso direto. Foi assim que Hal Foster construiu todas as histórias da série *Príncipe Valente*, publicada por décadas nos Estados Unidos.

O recurso se assemelha muito a um livro ilustrado, tal qual ocorre com as obras da literatura infantil publicadas no país, como pode ser comprovado na imagem a seguir:

Figura 2.34 – *Príncipe Valente*: legenda simula forma de narrar própria de romances.

Esse exemplo de *Príncipe Valente* permite discutir outro aspecto da legenda. Ela pode ser usada sem contorno, tal qual ocorre com o balão sem linha, o balão-zero. É possível inferir, então, que a linguagem dos quadrinhos prevê a existência de uma legenda sem signo de contorno, que pode ser chamada de *legenda-zero*.

A legenda permite ainda a utilização do discurso indireto, embora não seja muito comum nos quadrinhos.

Santos (2002) vê a possibilidade de uma outra forma, semelhante à legenda. Seria o *recordatório*. Inicialmente, o recurso sintetizava a ação apresentada na tira seriada do dia anterior. Depois, adquiriu outras funções, como indicar informações sobre simultaneidade de eventos ("enquanto isso"; "e depois"). Vemos o recordatório como uma forma de legenda.

Um recurso geralmente esquecido na literatura sobre o assunto é a *nota de rodapé*. A exemplo da legenda, ela pode indicar a voz do narrador. Mas também pode se confundir com outras vozes. Na próxima figura, a frase "homenagem a Christopher Reeve, o verdadeiro Super-Homem" (referência ao ator que interpretou o super-herói no cinema e que morreu em 2004) pode ser tanto do narrador como do autor da tira, Marcio Baraldi.

Figura 2.35 – Em *Vapt Vupt*, nota de rodapé faz homenagem ao ator Christopher Reeve.

A nota de rodapé aparece muito nas revistas de super-heróis. As tramas parecem novelas de televisão que duram décadas: nunca terminam e há sempre algum elemento do passado ou vilão que ressurge na vida dos protagonistas. É corriqueiro o editor da história usar notas de rodapé para relembrar o leitor sobre o que está ocorrendo. A voz, nesse caso, é a do editor.

Um dos responsáveis pela elaboração das versões brasileiras das revistas de super-heróis, Fernando Lopes, costumava brincar com isso. Assinava as notas com um verbo no gerúndio no lugar de seu nome: "explicando Lopes", "relembrando Lopes", e assim por diante.

Resumindo o modelo de Acevedo, antes de continuarmos a discussão: o balão é formado por um *continente*, composto pelo próprio balão e pelo apêndice. Vimos que ambos estão relacionados e que adquirem expressividades diferentes, conforme o contorno utilizado e o contexto em que aparecem.

O outro elemento constituinte do balão é o *conteúdo*, representado por elementos verbais e visuais, como no quadrinho a seguir, que usa imagens para mostrar o que é lido no jornal:

Figura 2.36 – Imagens reproduzem o que é lido no jornal em trecho de *Mafalda*.

O conteúdo do balão também se apoia muito na representação da oralidade. É o que será discutido no próximo capítulo.

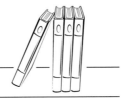

A oralidade nos quadrinhos

Figura 3.1 – Variações no tipo da letra sugerem valores expressivos diferentes.

A história acima mostra a palavra "mãe" escrita de diferentes maneiras. No segundo quadrinho (no primeiro aparece o nome Ozzy, personagem criado por Angeli), o tipo da letra é o tradicional e, por isso, não chama tanta atenção. Seria como se escrevêssemos esta frase em letras maiúsculas. O contexto sugere ao leitor que o garoto esteja apenas procurando pela mãe.

Nas demais cenas, o mesmo termo aparece com o tipo da letra em negrito. O tamanho aumenta do terceiro para o quinto quadrinho, indicando um volume maior da voz. Ainda no quinto quadrinho, há prolongamento do "e" ("mãeee?!") e uma distorção nas letras, perdendo-se a linearidade da escrita tradicional. O contorno pontiagudo, na parte inferior do balão, reforça o grito e dá ao personagem um tom ainda mais emocional, recurso semelhante ao usado na cena seguinte.

Percebemos no exemplo que o tipo de letra adquire expressividades diferentes no contexto sugerido pelo texto. A palavra, ao mesmo tempo em que representa o som ou um conjunto de sons, pode adquirir outros significantes. Segundo Ramos (2007), ocorre uma hibridização de *signos verbais escritos* e *signos visuais*. Estes agregam signos de três ordens: *icônica* (representação de seres ou objetos reconhecíveis), *plástica* (caso da textura e da cor) e *de contorno* (a borda ou linha que envolve as imagens; é de particular interesse para a análise dos balões, como visto no capítulo "A representação da fala e do pensamento").

Essa gama de recursos fica muito evidente nos quadrinhos e é fartamente utilizada por essa linguagem.

Os diferentes valores expressivos da letra

A letra de forma tradicional – escrita de maneira linear, sem negrito, geralmente em cor preta – é a mais utilizada nos quadrinhos. Ela indica uma expressividade "neutra", uma espécie de grau zero, do qual outros irão derivar. Qualquer corpo de letra que fuja a isso obtém resultado expressivamente diferente (como também ocorre com o contorno dos quadrinhos e dos balões). É o que Cagnin (1975) chama de "função figurativa do elemento linguístico". A letra passa a agregar outro sentido, variando conforme o contexto da história.

Há diversos exemplos a serem trabalhados. Letras com um tamanho menor indicam fala sussurrada ou em tonalidade mais baixa, como no fim da tira cômica a seguir:

Figura 3.2 – No último quadrinho, tamanho de letra menor sugere tom mais baixo de fala.

O negrito, por outro lado, pode sugerir tom de voz mais alto ou uma fala mais emocional, como visto no exemplo anterior, de *Ozzy*. Mas não só isso. Como lembra Eguti (2001), a tonalidade mais forte serve também para dar destaque a determinado termo ou expressão, não necessariamente indicando volume de voz mais elevado. Pode sugerir apenas uma ênfase que o autor da história quis dar a determinada palavra:

Figura 3.3 – Em *Roko-Loko*, negrito dá ênfase.

O mesmo efeito pode ser obtido com a mudança de cor na escrita da palavra ou com um traço sublinhando o termo, como mostra o caso a seguir:

Figura 3.4 – Nome sublinhado em *Hugo*.

O formato da letra também pode ser usado para representar características do personagem ou da nacionalidade dele. Os recursos de informática permitem um leque vasto de caracteres a serem utilizados, cada um indicando um elemento expressivo diferente, evidenciado pelo contexto da história (como ilustram os dois próximos exemplos).

Figura 3.5 – Na sequência de *Tom Strong*,
o formato da letra caracteriza cada um dos personagens.

Figura 3.6 – A fala do *Poderoso Thor* é representada com caracteres que dão a ele um ar de nobreza.

O tipo da letra pode indicar não apenas aspectos de fala, mas também de escrita. O exemplo a seguir mostra o garoto Calvin lendo uma folha, possivelmente uma prova. A questão "Que importância teve o Canal de Erie?" aparece com um corpo de letra. A resposta dada pelo menino, com outro, de modo a simular a caligrafia de Calvin. No último quadrinho, a fala dele é representada por um terceiro formato de letra, expressivamente mais "neutra" se comparada às anteriores.

Figura 3.7 – Na tira de *Calvin e Haroldo*, tipos de letra distintos adquirem expressividades diferentes.

O efeito expressivo não depende necessariamente da mudança do corpo da letra (embora seja o recurso mais comum). No exemplo a seguir, parte das palavras foi escrita sem espaço entre elas:

Figura 3.8 – Zoom, um dos adversários do super-herói Flash, fala de forma mais rápida que o normal.

O recurso foi usado para indicar ao leitor que o personagem fala de forma rápida, ligando quase sem pausa uma palavra à outra. O mecanismo é uma das formas de caracterização da figura que aparece no centro da cena, o vilão Zoom, dotado de supervelocidade. Pelo mesmo motivo, algumas letras aparecem duplicadas, sugerindo prolongamento do fonema (outro recurso próprio da fala).

Os níveis de fala nos quadrinhos

Como se vê, o conteúdo dos balões ajuda os autores a trabalhar as características dos personagens. A escolha do vocabulário é um dos principais recursos. O léxico, ao contrário da estrutura sintática, está muito mais sujeito a alterações. Ou, como diz Preti (1998), é "o reflexo mais perfeito das mudanças sociais".

Há poucos estudos sobre a representação da oralidade nas histórias em quadrinhos. Por isso, os poucos que existem ganham ares de pioneiros. Preti (1973) procurou mostrar como ocorre nos quadrinhos a representação dos **níveis de fala**.

Ele analisou 37 edições da revista *Mônica*, de Mauricio de Sousa, e cons-

> Preti (2000) chama de níveis de fala as diferentes possibilidades de uso da língua. Para o autor, a variedade de usos está vinculada a aspectos geográficos e socioculturais (idade, sexo, profissão, posição social, escolaridade, situação em que a fala é produzida).

tatou que há diferentes níveis, embora poucos, usados muitas vezes pelos mesmos personagens em situações distintas. A caracterização da fala, de modo geral, variava do formal ao informal. Os casos mais relevantes eram da personagem Tina, na época ligada ao movimento *hippie*. Ela usava gírias como "bicho", "careta", "meu".

Apesar de identificar níveis de fala distintos, o linguista concluiu que, naquela época (primeira metade dos anos 1970), predominava o formal, próximo à variante culta. Segundo Preti,

> os códigos morais pelos quais se pauta a atividade das editoras, os quais, atuando no sentido de transformar as revistas em quadrinhos em instrumento de educação coletiva, transferem essa intenção também para o plano da língua, preservando com zelo a ortografia oficial e nivelando a fala das personagens pela *norma culta*, o que impede, frequentemente, qualquer identificação mais precisa dos *níveis sociolinguísticos*. (Preti, 1973, p. 36)

Em termos de caracterização expressiva dos personagens, o resultado criava uma antítese. A imagem mostrava a personagem Mônica e os colegas desenhados como crianças, mas a representação da fala, bem como a utilização do léxico, era própria de um adulto, por causa do nível de fala mais formal.

Embora tenha encontrado poucos registros de níveis de fala no *corpus* trabalhado, Preti defende que as histórias em quadrinhos poderiam ser um promissor campo de pesquisas dos níveis de fala. Não só os quadrinhos, mas também a mídia como um todo.

Num outro artigo, publicado trinta anos depois, Preti (2003) afirma que os meios de comunicação de massa são uma rica fonte de pesquisas da fala espontânea. Haveria, por parte dos escritores, a tentativa de representar a fala dos personagens nos diálogos da maneira mais realista possível.

Preti lembra no artigo situações do teatro, das telenovelas e de obras cinematográficas. Curiosamente, não inclui as histórias em quadrinhos, tema do estudo pioneiro de 1973, que não foi mais retomado por ele.

Ao menos dois outros artigos abordaram, décadas depois, o tema trabalhado por Preti. Lauand (2006) comparou as diferentes traduções da história *Tio Patinhas e os Índios Nanicós*, publicada pela Editora Abril em cinco momentos distintos: 1958, 1967, 1982, 1988, 2004. O pesquisador analisou as falas dos balões e constatou sensíveis mudanças entre uma edição e outra:

- havia tendência de eliminação de pronomes átonos ("Diga-lhes", em 1958 e 1967; "Diga a eles", em 2004);
- identificou o uso de locuções verbais ("Terão de respeitar o direito de propriedade", em 1958 e 1967; "Vão ter de respeitar o direito de propriedade", a partir de 1982);
- constatou mudança lexical ("Após o cachimbo dos nanicós, este ar parece ambrosia", em 1958; "Após o cachimbo dos nanicós, este ar parece perfume", em 2004; "Rapaz! Milhões de lagos", em todas as edições, exceto a de 2004; "Vejam! Milhões de lagos", em 2004).

Lauand defende que as mudanças de tradução na história de Tio Patinhas tenham sido um reflexo das transformações do "português realmente falado no Brasil de hoje".

Ramos, em artigo a ser publicado, fez estudo semelhante ao de Lauand. A pesquisa comparou diferentes traduções de uma mesma história do *Homem-Aranha* publicada em três momentos distintos, por três editoras diferentes: EBAL, em 1970; Bloch, em 1976; Abril, em 1997. O enfoque se restringiu ao uso de vocabulário gíria nas traduções do inglês para o português. Ramos concluiu que:

- houve um aumento significativo no número de gírias (18 na EBAL, 25 na Bloch, 34 na Abril);
- algumas das gírias presentes nos quadrinhos antecediam registros dicionarizados, o que sugere que os balões procuravam reproduzir termos orais comuns à época;
- incorporar gírias à fala dos personagens acompanhava a tendência de outros meios de comunicação de massa, como o teatro, o cinema e a televisão;
- há atualmente a tendência de representar diferentes níveis de fala por meio do vocabulário gírio, cenário diferente do visto na primeira tradução da história, em 1970, e também do que constatou Preti na revista *Mônica*.

Lauand e Ramos, por caminhos diferentes, realizam estudos muito próximos. Mas não deixam de fazer uma atualização do trabalho iniciado por Preti décadas antes, embora com material diferente.

As estratégias de representação da oralidade

Após Preti, o estudo que acrescentou elementos novos à análise da língua oral nos quadrinhos foi o de Eguti (2001), autora já citada mais de uma vez neste livro. Ela não se restringiu ao tema lexical. Abordou como as histórias representavam os vários aspectos da oralidade e constatou que os quadrinhos simulam a estrutura de uma conversação natural.

Os balões seriam uma representação dos **turnos conversacionais**.

A alternância entre balões indicaria troca de falante. A quantidade de palavras sugere se o turno é *simétrico*

> Urbano define os turnos conversacionais como "a unidade estrutural que se define como aquela em que um falante diz alguma coisa durante uma abordagem interativa continuada" (2000, p.91).

(troca de fala proporcional entre os falantes) ou *assimétrico* (predomínio de uso da fala por um dos falantes).

É como mostram, respectivamente, as duas tiras cômicas a seguir:

Figura 3.9 – Em *Gatão de Meia-idade*, representação de diálogo com turno simétrico.

Figura 3.10 – Nesta outra tira de *Gatão de Meia-idade*, representação de fala com turno assimétrico.

Segundo Eguti, ocorrem outras estratégias próprias à língua oral, como o assalto de turno.

A próxima figura mostra um diálogo entre o personagem Hugo e seu advogado. Hugo, que aparece à direita nos quadrinhos, tenta falar, mas é impedido. O recurso do assalto de turno

Segundo Galembeck (1999), assalto de turno é a "invasão" do ouvinte no turno do falante num momento fora do convencional para a transição da fala. A tomada de turno pode ser com ou sem deixa dada pela fala do outro.

é indicado, neste caso, com o auxílio de reticências, que evidenciam a interrupção da frase ("Bom, eu..."; "Ei, mas...").

Figura 3.11 – *Hugo*, representação de assalto de turno no primeiro e segundo quadrinhos.

Dentro dos turnos, há uma série de recursos gráficos usada para representar outros elementos da conversação. A sucessão de pontos sugere pausa ou hesitação. O balão-composto – que usa mais de um balão para indicar a fala de um mesmo personagem, como vimos no capítulo "A representação da fala e do pensamento" – indica que houve um ligeiro silêncio entre uma sequência de fala e outra.

As repetições de sílabas ou palavras indicam engasgos, estratégia para reformulação do conteúdo que é dito ou reforço para intensificar alguma emoção, como mostram, respectivamente, os dois casos a seguir:

Figura 3.12 – Repetição sugere reformulação.

Figura 3.13 – Ênfase.

Um caso muito visto nos quadrinhos é o da repetição da consoante, recurso usado para representar gagueira, sugerindo surpresa ou incompreensão:

Figura 3.14 – Repetição de consoante indica surpresa.

O uso do hífen para separar as sílabas pode adquirir outro valor nos quadrinhos. Sugere que o personagem falou de maneira silabada, como mostrado no próximo exemplo:

Figura 3.15 – Hífen indica fala silabada.

O silêncio é representado de diferentes maneiras. Três se destacam:

- ausência de balões

Figura 3.16 – Inexistência de balões pode indicar silêncio durante a cena.

- balões sem fala

Figura 3.17 – Balões sem fala em *Magias e Barbaridades*.

- com uso de pontos, como já comentado, que, em geral, indica pausa ou hesitação (o contexto é que determina o real sentido sugerido)

Figura 3.18 – Reticências sugerem pausa ou hesitação.

Eguti, em sua pesquisa, identificou também a presença de **marcadores conversacionais**.

> Marcadores conversacionais, na definição de Urbano (1998), constituem termos marginais, que podem ser eliminados na passagem da língua oral para a escrita, mas que, oralmente, auxiliam no processo coesivo.

Nos exemplos a seguir, os trechos "é... bom... hã..." e "é que..." ilustram casos de marcadores:

Figuras 3.19 e 3.20 – Exemplos de uso de marcadores conversacionais.

Eguti não aborda em seu estudo o *tópico* (o acerca do que se fala), mas é possível perceber que ele também seja representado na conversação entre os personagens. Histórias maiores teriam mais tópicos, agrupados em supertópicos e divididos em temas menores ou subtópicos. Narrativas curtas, como as tiras cômicas, apresentariam uma estrutura tópica mais sintética.

Na tira cômica a seguir, de *Mafalda*, pode-se perceber a presença do tópico "brincar de governo". As crianças simulam o governo não fazendo nada e permanecem paradas ante uma mesa. Infere-se que os governantes também teriam atitude semelhante. O desfecho inesperado é o que provoca o efeito de humor, elemento próprio do gênero, como já visto no capítulo "Os gêneros das histórias em quadrinhos".

Figura 3.21 – Na tira cômica de *Mafalda*, há presença do tópico "brincar de governo".

Há outras maneiras de representar a fala, mas sem o uso de palavras que necessariamente vigorem na ortografia da língua portuguesa. Um dos recursos é o uso de termos que sintetizam momentos da conversação. Dois são muitos comuns. "Blá-blá", dentro de balões, indica que a pessoa está falando, às vezes até em excesso:

Figura 3.22 – "Blá-blá" indica fala.

Outro modo de representar a fala é com a onomatopeia "bzzz, bzzz", que sugere conversa ao pé do ouvido, algo como um segredo ou informação de que só o interlocutor pode ter conhecimento:

Figura 3.23 – "Bzzzz" simula conversa secreta.

Os dois termos, "blá-blá" e "bzzz, bzzz", fazem as vezes de um turno conversacional nos balões em que são apresentados.

O mesmo princípio vale para os palavrões ou discussões acaloradas entre personagens. Em geral, são representados por caracteres desconhecidos ou signos icônicos, como pregos, caveiras, estrelas e outros. Podem aparecer tanto dentro como fora dos balões, sejam eles de fala ou de pensamento:

Figura 3.24
Caracteres indicam bronca.

Figura 3.25
Representação de pensamentos ruins.

As risadas são representadas em geral de maneira análoga à forma como são emitidas verbalmente. A caracterização varia de autor para autor, como mostram os exemplos a seguir:

Figura 3.26
Gargalhadas zombam de *Mônica*.

Figura 3.27
Cutucada de *Fradinho* faz homem rir.

Figuras 3.28 e 3.29
A Piada Mortal: exemplos de representações pouco comuns de risos.

As risadas podem ser indicadas também entre parênteses ou chaves, embora seja mais raro de ocorrer. O mesmo recurso pode ser aplicado a sentimentos dos personagens:

Figura 3.30
Palavra "gargalhada" usada de forma irônica.

Figura 3.31
Indicação de suspiro.

Os quadrinhos têm uma forma bem literal e objetiva de *indicar sobreposição de vozes*: parte de um balão aparece sobreposto a outro durante a fala do personagem. A estratégia, em algumas situações, pode servir para representar também assalto de turno, momento em que uma pessoa toma a fala da outra. É o que ocorre no exemplo a seguir:

Figura 3.32 – *Mafalda*: representação de assalto de turno.

O recurso permite também que haja uma sobreposição de pensamento com fala, embora menos comum:

Figura 3.33 – Sobreposição de pensamento sobre fala, em *American Flagg!*.

Os quadrinhos também representam visualmente os elementos *paralinguísticos* da conversação, nome dado aos aspectos não verbais presentes no ambiente em que a fala é produzida. Os signos visuais permitem que o leitor observe os gestos e as expressões do corpo dos personagens, como ilustram vários dos exemplos vistos neste capítulo.

Sempre se imaginou que os quadrinhos simulavam a fala. O trabalho de Eguti mostrou que a premissa não só era verdadeira como também incorporava vários elementos da oralidade que passavam despercebidos por muitos dos pesquisadores do assunto.

O continente e o conteúdo do balão, no entanto, não são as únicas maneiras de representar a oralidade nos quadrinhos. A onomatopeia também exerce um importante papel. As risadas vistas neste capítulo são um exemplo. Mas há outros. É um dos assuntos do próximo capítulo.

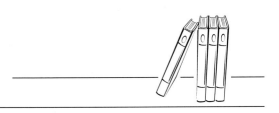

O papel da onomatopeia e da cor

Arf arf bang crack blam buzz cai spot ciaf clamp splash crackle crunch gosh grunt honk honk cai meow mumble pant plop pwutt roaaar dring rumble blomp sham buizz scranquete slam puff slurp smack sob gulp spranck blomp squit swoom bum thump plack clang tomp smash trac uaaaagh vrooom giddap yuk spliff augh zing slap zoom zzzzzz sniff...

O trecho acima é do romance *A misteriosa chama da rainha Loana,* escrito por Umberto Eco (2005). O protagonista, um senhor de meia-idade chamado Yambo, perde a memória e encontra nos livros e leituras de infância uma forma de reativar as recordações. Os quadrinhos italianos das décadas de 1930 e 1940 se tornam ótimas fontes de consulta. O contato com eles reavivou no personagem lembranças da linguagem dos quadrinhos, descritas por Eco por meio de uma profusão de onomatopeias.

Eco brinca com a diversidade de possibilidades de uso das *onomatopeias*. Um levantamento tomando como base 39 revistas em quadrinhos constatou 173 onomatopeias diferentes. O estudo foi publicado na *Revista de Cultura Vozes*, em julho de 1969. Um ano depois, Cirne publicou outro levantamento. O pesquisador analisou um total de 1.928 páginas de 40 revistas em quadrinhos. O estudo mostrou que havia, na época, uma média de 0,71 onomatopeia por página. As de maior incidência foram "bam" (9,9%) e "crash/crack" (4,2%).

De 1969 até hoje, os recursos dos quadrinhos evoluíram muito. É certo que surgiram outras formas de onomatopeia. Também é certo que a incidência delas irá variar de autor para autor e de história para história.

As possibilidades de onomatopeias, como se vê, são vastas. E tem crescido ainda mais. Segundo Vergueiro (2006), o número aumentou "consideravelmente" nas últimas décadas. O autor menciona o caso dos mangás, nome dado às histórias em quadrinhos japonesas, em que é nítido o uso de onomatopeias.

No trecho a seguir, do mangá *Nekomajin*, a edição nacional da história manteve as onomatopeias com a escrita oriental. Mas mostra nos quadrinhos uma "tradução" delas: "bam", "kablaaam" e "bum".

Figura 4.1 – Onomatopeias japonesas foram traduzidas em edição do mangá *Nekomajin*.

As diferentes formas de representação dos sons

Não há uma regra para o uso e a criação das onomatopeias. O limite é a criatividade de cada artista. McCloud (2005) vê, no entanto, um processo de fixação nos símbolos usados nos quadrinhos, entre eles as onomatopeias. Quando determinado recurso é utilizado repetidas vezes, tende a ser incorporado à linguagem. "Bam", por exemplo, indica que houve o som de um tiro. De tão usado, o termo tende a ser automaticamente associado pelo leitor à situação sonora que representa, como mostra a sequência a seguir:

Figura 4.2 – "Bam!" representa som de tiros na sequência de luta de *Estórias gerais*.

Talvez seja de Cirne (1970) a mais sintética explicação do que sejam as onomatopeias nos quadrinhos: "O ruído, nos quadrinhos, mais do que sonoro, é visual". Ou, numa comparação com o cinema: "uma boa onomatopeia [...] está para os quadrinhos assim como um ruído (bem utilizado) está para o cinema". Outros pesquisadores usam palavras diferentes para definir a onomatopeia, mas, em essência, são conceitos afins.

As onomatopeias se associam muito à língua do país onde foram produzidas. Algumas são importadas dos Estados Unidos. "To click", estalar, gerou "click"; "to crash", espatifar-se, virou "crash"; "to splash", salpicar na água, tornou-se "splash". Para Eco (1993), a transposição da onomatopeia norte-americana para outros países faz com que perca sua imediata conexão com o significado original.

Vergueiro (2006) defende que não é regra o uso de onomatopeias estadunidenses: "Elas variam de país a país, na medida em que diferentes culturas representam os sons de acordo com o idioma utilizado para sua comunicação. O autor usa como exemplo a representação do canto de um galo. No francês, seria "ki-ki-ri-ki-ki". No português, "co-co-có-ri-có" (ou "có-có-ró-có", como mostra o próximo exemplo). Embora haja a necessidade de um estudo mais aprofundado sobre o tema, parece haver tendência no Brasil de mescla de onomatopeias norte-americanas com outras, aportuguesadas.

Figura 4.3 – Onomatopeia representa canto do galo.

Silva (1976) lembra que as onomatopeias são sempre uma aproximação do som, e nunca uma reprodução exata. Um caso específico reforça esse raciocínio: é o do uso de um termo que sintetiza a situação indicada pelo som.

A figura a seguir mostra a cena em que um personagem dá um soco em outro. Em vez de utilizar algo como "pof", "paf" ou "tum", o autor do quadrinho, o brasileiro Caco Galhardo, escreveu "soco!", termo que resume aquele momento. A palavra, ao mesmo tempo, não deixa de ter função de onomatopeia.

Figura 4.4 – "Soco!" indica som da ação.

Algo parecido é feito nos casos a seguir, ambos nacionais: o som alto de gases é resumido na palavra "pumzão", e o barulho de uma cavalgada é sintetizado no termo "pocotó":

Figura 4.5 – Palavra "pumzão" simula barulho de gases.

Figura 4.6 – Cavalgada é representada pelo uso repetido do termo "pocotó".

As onomatopeias podem estar dentro ou fora dos balões. Nas duas situações, o aspecto visual da letra utilizada pode indicar expressividades diferentes. Sua cor, tamanho, formato e até prolongamento adquirem valores expressivos distintos dentro do contexto em que é produzida.

Podem ocorrer casos em que a onomatopeia tenha dupla função: representa o som ao mesmo tempo em que sugere movimento, atuando como linha cinética (indicadora de movimento, um dos temas do capítulo "Os personagens e a ação da narrativa").

O recurso aparece muito nas histórias do personagem *American Flagg!*, criadas por Howard Chaykin nos anos 1980. Era uma época em que os autores de quadrinhos norte-americanos (caso de Chaykin) buscavam inovações nos recursos visuais usados até então. Uma das novidades foi a onomatopeia indicando uma trajetória. Os exemplos a seguir mostram, respectivamente, o percurso feito por um veículo e pelo movimento de um braço durante uma luta.

Figuras 4.7 e 4.8
Onomatopeias indicam movimento em cenas da série *American Flagg!*.

A mesma revista *American Flagg!* traz um outro exemplo de uso diferenciado da onomatopeia. O termo "blam", visto no quadrinho a seguir, aparece escrito várias vezes, de forma vertical, com parte das letras sobreposta. O recurso sugere um prolongamento do som. A sobreposição pode indicar que tenha ocorrido eco.

Figura 4.9 – Repetição e sobreposição de "blam" sugere eco.

Uma curiosidade é que as onomatopeias teriam ganhado força e se consolidado como recurso de linguagem dos quadrinhos a reboque do cinema falado, surgido em 1927. No período em que os filmes eram mudos, o uso delas era tímido nos quadrinhos. Cirne (1970) afirma que a onomatopeia mais antiga encontrada por ele é de 1923, em história de *Os Sobrinhos do Capitão*. Veem-se "oopf" e "oomp". O autor admite, no entanto, que devem existir casos anteriores.

Geralmente os estudos sobre as onomatopeias nos quadrinhos não abordam o papel da cor, que pode agregar outro valor informativo.

Neste exemplo, uma vez mais de *American Flagg!*, a onomatopeia faz as vezes de linha cinética para indicar a queda de um corpo. A cor (um signo plástico) é importante para a compreensão da cena. A coloração da onomatopeia muda do início ao fim da queda.

Na versão original, passa de amarelada a avermelhada. Esta indica sangue e a consequente morte da vítima da queda.

Figura 4.10
Mudança de tonalidade da onomatopeia indica morte do personagem que caiu.

Os sentidos sugeridos pela cor

Há uma série de informações nos quadrinhos que são transmitidas por meio de signos plásticos, indicadores de cor. O Incrível Hulk é verde. O Lanterna Verde também. O Capitão América tem uniforme com as cores da bandeira norte-americana. O vestido da Mônica é vermelho. Os Smurfs (ou Strunfs, como foram batizados no Brasil na década de 1970) são conhecidos por serem todos azuis.

A cor é um elemento que compõe a linguagem dos quadrinhos, mesmo nas histórias em preto e branco. O uso de duas cores, a preta e a branca, vem desde o início dos quadrinhos e permanece até hoje, por limitação de recursos tecnológicos, por economia de custos (caso de muitos jornais pequenos do interior do Brasil) ou por pura opção estilística.

A utilização da cor vem se aprimorando desde o surgimento das primeiras histórias em quadrinhos. Inicialmente, os jornais e as editoras usavam cores primárias, vermelho, azul e verde, e as combinações que elas permitiam.

Hoje, com os avanços possibilitados pela informática, as produções passaram a ser colorizadas por computador. Há um rol enorme de tonalidades possíveis, o que traz duas consequências imediatas: uma mudança estética do produto e um novo volume de informações visuais a ser trabalhado pelos artistas e interpretado pelos leitores.

A tonalidade das cores pode fazer as vezes da figura cinética na indicação de movimento. A seguir, o exemplo, do personagem Super-Homem, ilustra o recurso. Na segunda cena, o herói se move em supervelocidade para tirar a arma do bandido, que mantém uma refém, a repórter Lois Lane.

Na história, o movimento do Super-Homem durou o tempo de o vilão Lex Luthor, seu maior rival, falar a palavra "terroristas". O movimento é sugerido por meio da mistura de um borrão, com tonalidade igual à vista no uniforme do super-herói, e reforçado pelo voo dos chapéus de Luthor e do suposto terrorista.

Figura 4.11 – Mescla de tons no 2º quadrinho indica movimento do herói em supervelocidade.

Este outro exemplo, também de Super-Homem, mostra uma cena de voo do herói. De um quadrinho para o outro, a imagem do mar e do trecho de solo foi borrada intencionalmente. O recurso, feito por computador, sugere ao leitor que o herói tenha aumentado a velocidade do voo.

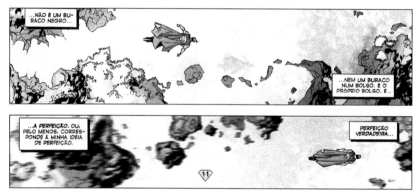

Figura 4.12 – Imagem borrada, no 2º quadrinho, indica que Super-Homem aumenta velocidade do voo.

Outro recurso possível da cor é para caracterizar algum personagem. O escritor e desenhista Frank Miller é tido como referência no domínio da técnica de ilustração em preto e branco. Curiosamente, é dele um dos melhores exemplos de uso de cores nos quadrinhos. Na série *Sin City*, criada por ele, seus desenhos são feitos, por opção estética, em preto e branco. Alguns dos personagens ganham cor apenas para se destacarem dos demais. É o caso da história *O Assassino Amarelo*, cor do vilão da trama. Nas vezes em que ele aparecia, tinha sempre a coloração amarelada, sua marca registrada.

Há outros casos em que o uso da cor é fundamental para o entendimento da narrativa. Numa de suas tiras cômicas, Fernando Gonsales mostrava uma menininha com véu vermelho na cabeça, perseguida por um boi. O desenhista depositava no signo plástico vermelho dois elementos importantes para a compreensão da história:

1. a "chapeuzinho" em questão é a personagem *Chapeuzinho Vermelho* dos contos infantis, informação que a cor ajuda a inferir;
2. vermelho é uma cor muito usada em touradas para irritar o boi; o boi da tira teria se enfezado com o chapéu avermelhado e partido para cima da garotinha.

A cor faz parte dos quadrinhos, embora seja um recurso ainda pouco estudado nessa linguagem. São signos plásticos que contêm informação ora mais relevante para a compreensão do texto narrativo, ora menos. Mas sempre com conteúdo informacional e inserida no espaço do quadrinho, onde se passa a cena narrativa.

O quadrinho e a cena narrativa são os temas do capítulo a seguir.

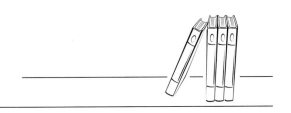

A cena narrativa

Ao tirar uma fotografia, a pessoa faz um recorte da realidade. Registra no espaço da foto um fragmento do momento observado, que reúne o local em que a fotografia foi tirada, o momento da cena, o cenário e/ou as pessoas retratadas. É como se um determinado instante fosse congelado, por mais que, eventualmente, possa sugerir movimento (caso de um atleta correndo, por exemplo).

O mesmo princípio vale para os quadrinhos. Agrupam-se cenário, personagens, fragmentos do espaço e do tempo. Tudo é encapsulado dentro de um conjunto de linhas, formando um retângulo, quadrado, esfera ou outro formato. Os desenhistas criam nesse espaço uma "síntese coerente e representativa da realidade", segundo diz Fresnault-Deruelle (1972). É isso o que se entende por *quadrinho*.

Eisner (1989) o define como "um quadro que contém uma determinada cena". Sabemos, no entanto, que é mais do que isso. Agrupa personagens, mostra o espaço da ação, faz um recorte de tempo. O quadrinho condensa uma série de elementos da cena narrativa, que, por mesclarem diferentes signos, possuem um alto grau informativo.

Por isso, parece mais completa a definição proposta por Vergueiro (2006):

> o *"quadrinho* ou *vinheta* constitui a representação, por meio de uma imagem fixa, de um instante específico ou de uma sequência interligada de instantes, que são essenciais para a compreensão de uma determinada ação ou acontecimento". *Vinheta*, termo usado pelo pesquisador, é um sinônimo muito comum para quadrinho na literatura sobre o assunto.

O quadrinho, na maioria dos casos, contém um fragmento da ação. Na maior parte das vezes, a comparação com outra vinheta permite a condução da narrativa. É por isso que, para Acevedo (1990), trata-se da representação de "um espaço e de um tempo da ação narrada", assunto que será abordado mais adiante.

As formas de apresentação do quadrinho

O formato do quadrinho é variável. Há preferência pelas formas retangulares (mais comuns) ou quadradas. Ele pode, entretanto, assumir outros contornos menos convencionais, como os circulares (Veja exemplo na página 97) ou diagonais.

Figura 5.1 – Contorno do quadrinho em diagonal na história *Aberrações no coração da América*.

A escolha da vinheta ideal vai depender muito da intenção do artista e do espaço físico utilizado para produzir a história. O desenhista Chris Sprouse precisava indicar que a personagem Tesla, da série norte-americana *Tom Strong*, era monitorada por várias câmeras diferentes. A solução que encontrou foi criar uma série de pequenas vinhetas para sugerir ao leitor a quantidade de monitores presentes, como pode ser visto a seguir:

Figura 5.2 – Em *Tom Strong*, uso de pequenas vinhetas sugere que se trata de vários monitores.

Outro exemplo é o do desenhista Paul Gulacy. Ele tinha o tamanho de uma página para criar um labirinto, em que o herói de *Mestre do Kung Fu* lutava com vários capangas. Gulacy optou por transformar a página num grande labirinto visto do alto. As paredes do labirinto faziam as vezes das vinhetas. Dois elementos ajudaram a conduzir a ação: 1) a imagem dos antagonistas derrotados (aparecem desmaiados); 2) a sequência de leitura das frases, que terminava no canto direito inferior da página. É onde o leitor finalmente encontra o protagonista, encerrando a última luta:

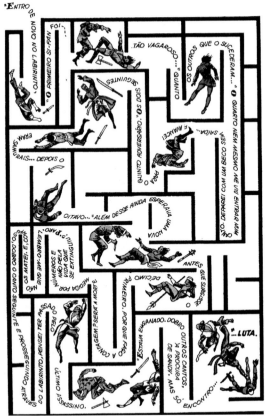

Figura 5.3 – Sequência de *Mestre do Kung Fu* usa vinhetas para simular um labirinto.

Pode haver situações em que o quadrinho adquira outro valor expressivo. Numa de suas histórias, o super-herói Lanterna Verde tinha sido drogado. Mesmo tonto, precisava enfrentar um grupo de capangas. O desenhista Neal Adams tentou representar o estado mental do personagem com vinhetas de contorno torto. A estratégia visual, mostrada a seguir, ajudou o leitor a entender o motivo de o poderoso herói ter sido nocauteado.

Figura 5.4 – Forma torta das vinhetas mostra estado mental de Lanterna Verde após ter sido drogado.

Noutra aventura do herói Lanterna Verde, também feita por Neal Adams, vinhetas são inseridas no rosto do personagem, desenhado no tamanho de uma página. O leitor o identifica por meio do perfil de seu rosto. O recurso serviu para indicar o que Lanterna Verde estaria pensando (as vinhetas representariam o que se passa na cabeça do herói):

Figura 5.5 – Vinhetas "dentro" do rosto de Lanterna Verde indicam o que ele está pensando.

As revistas e álbuns em quadrinhos, por serem suportes fisicamente maiores e com mais páginas, permitem ao artista inovar mais no processo de criação. As tiras cômicas, por terem um formato menor e limitado, tendem a usar as vinhetas de uma maneira mais convencional. Mas não é regra. Muitas vezes uma "brincadeira" com o formato do quadrinho pode ser a fonte do humor, como mostram os três exemplos a seguir:

Figura 5.6 – Quebra da borda da vinheta é o que gera humor na tira de *Liberty Meadows*.

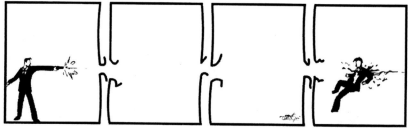

Figura 5.7 – Na tira de *Explícitos*, o tiro "fura" a lateral dos quadrinhos.

Figura 5.8 – Recruta Zero foge da tira para não enfrentar Sargento Tainha.

Nesta outra tira, de *Pescoçudos*, o contorno da vinheta tenta reproduzir o formato de um retrovisor. O leitor tem a mesma visão do motorista olhando o veículo de trás:

Figura 5.9 – Contorno da tira de *Pescoçudos* simula retrovisor de um carro.

Merece menção um caso específico de quadrinho, a chamada *vinheta-flash* ou *vinheta-relâmpago*. Ela serve para aproximar uma imagem, como se fosse vista por uma lente de aumento, dando destaque a um momento específico da narrativa. A próxima figura exemplifica o recurso. O leitor vê ampliada a imagem do relógio que é colocado no pulso de Santos-Dumont no quadrinho da esquerda. A figura em tamanho maior, à direita, em um quadrinho com formato circular, é uma vinheta-flash. Ela amplia o relógio usado pelo pai da aviação.

Figura 5.10 – Vinheta-flash amplia uma imagem, como a do relógio visto em *Santô e os Pais da Aviação*.

O contorno do quadrinho

Os casos vistos até aqui mostram que a vinheta possui uma borda, representada por um signo de contorno. Essa borda é batizada de diferentes formas:

- Acevedo (1990) e Vergueiro (1985, 2006) chamam a área lateral de *linha demarcatória*;
- Santos (2002) prefere o termo *requadro*;
- Eisner (1989) define a borda como o *contorno do quadrinho*;
- Franco (2004) usa *moldura do quadrinho*.

Não há diferença substancial entre os diferentes termos utilizados. Os nomes se referem a um mesmo aspecto e podem ser lidos como sinônimos.

A linha demarcatória possui dupla função: 1) marca graficamente a área da narrativa (que ocorre dentro da vinheta); 2) indica o momento em que se passa aquele trecho da história.

A escolha do contorno ideal, segundo Acevedo (1990), "depende do espaço e do tempo que se quer representar". A reta é a mais usada. Funciona como uma espécie de marco zero, servindo de referência para outras possibilidades de contorno. Ela indica o momento vivido pelos personagens, seja em que época histórica for.

Pode haver diferenças sutis no traço da reta (umas mais lineares, produzidas com ajuda de régua; outras um pouco mais rústicas, feitas à mão). Mas as diferenças se limitam ao nível do estilo, não trazendo mudanças significativas de sentido, como ilustram os dois casos a seguir:

Figura 5.11
Reta da vinheta feita à mão.

Figura 5.12
Reta do quadrinho feita com régua.

Em outras situações, um signo icônico (e não de contorno) pode exercer a função da linha, acrescentando informações ao mesmo tempo em que separa uma vinheta da outra. No exemplo a seguir, o fio do telefone faz esse papel.

Figura 5.13 – Em *Lanterna e Arqueiro Verde*, o fio do telefone separa um quadrinho do outro.

A linha demarcatória está intimamente ligada ao tempo da narrativa. As retas ou outro traço equivalente também indicam o presente vivido pelos personagens. O passado é representado com a ajuda de contornos ondulados ou tracejados, como mostrado, respectivamente, nos dois quadrinhos a seguir:

Figura 5.14 – Na sequência de *Zé Carioca*, contorno tracejado indica que a cena ocorre no passado.

Figura 5.15 – Contorno ondulado indica *flashback*.

O contorno ondulado também é usado para indicar o que se passa na mente dos personagens, como sonhos ou algo imaginado por eles. A tira cômica seriada mostrada a seguir ilustra bem esse processo. Na história do detetive Ed Mort, o personagem-título adormece logo na primeira vinheta. O contorno do quadrinho inicial é uma reta, o que indica presente. O dos demais possui uma borda ondulada, sugerindo o que se passa no sonho (ou pesadelo) dele: estar em cima de uma pizza.

Figura 5.16 – O sonho de *Ed Mort* é indicado com o auxílio de vinhetas onduladas.

O contorno ondulado não é a única maneira de indicar uma ação passada ou imaginada pelo personagem. Há uma outra maneira, em que o desenhista liga a interseção das linhas demarcatórias com uma curva, e não com um ângulo de 90 graus, como normalmente ocorre. É muito usado em histórias de super-heróis quando retomam um acontecimento da aventura anterior, como neste caso de *Quarteto Fantástico*:

Figura 5.17 – Cantos arredondados: cena de passado.

Há casos (mais raros) em que todo o contorno da vinheta é desenhado. O recurso foi muito usado na série norte-americana *Fábulas*, que mostrava uma versão adulta dos personagens de contos de fadas. O mecanismo funcionava assim: a borda reta do quadrinho significava o tempo presente da história, o momento da narração; a vinheta com desenhos nas laterais indicava uma ação do passado, relembrada por algum dos personagens.

Figura 5.18 – Contorno desenhado do quadrinho, em *Fábulas*, indica narração de evento passado.

Pode haver ainda ausência da linha demarcatória. Para Vergueiro (2006), a falta da borda não dificulta a leitura, posto que o leitor imagina o contorno não existente ali. Os dois exemplos a seguir, de *Cebolinha* e de *Fradim*, trazem situações assim:

Figura 5.19 – Leitor infere a presença do contorno do quadrinho na tira de *Cebolinha*.

Figura 5.20 – História de uma página de *Fradim*,
de Henfil, narrada sem contorno das vinhetas.

Vergueiro (2006) reforça que as linhas demarcatórias não devem ser vistas como "gaiolas". "Autores que dominam a linguagem costumam, em determinados momentos-chave, extrapolar os limites dos quadrinhos, fazendo com que parte da ação se desenrole fora deles". Iannone e Iannone (1994) concordam: o limite está na criatividade do artista.

O recurso é mais comum nas histórias longas, mas pode ser visto nas tiras também. É o caso do exemplo da tira cômica de *Recruta Zero*, vista anteriormente (figura 5.8). Infere-se, naquele exemplo, que o personagem-título esteja fora da última vinheta, fugindo.

Existe uma outra possibilidade de ultrapassar os limites do quadrinho. Ocorre quando uma mesma ação é dividida em vinhetas. Lidas em sequência, uma ao lado da outra, percebe-se que a história nem precisaria ter sido fragmentada em diferentes quadrinhos, caso da tira de *Níquel Náusea*, mostrada a seguir:

Figura 5.21 – Três vinhetas dividem uma mesma cena, em tira de *Níquel Náusea*.

Pode haver uma mistura dos dois recursos, o visto na tira cômica anterior e o usado tradicionalmente nos quadrinhos, com uma vinheta sucedendo a outra e trazendo informações novas à narrativa. A estratégia é manter o cenário de fundo em todas as vinhetas e mudar apenas a posição do personagem.

Este exemplo, também de *Níquel Náusea*, ilustra o mecanismo: a areia da praia e o mar formam um cenário único ao longo das seis vinhetas; a narrativa avança com as sucessivas tentativas do peixe de chegar até a água, o que de fato consegue no quinto quadrinho.

Figura 5.22 – Na tira de *Níquel Náusea*, a posição do peixe muda, mas o cenário se mantém.

Muitos desses recursos se apoiam muito na figura do personagem. Na tira anterior, a ação só ocorreu porque o leitor se fixou na figura do peixe tentando chegar ao mar.

O papel do personagem na narrativa dos quadrinhos é o tema do capítulo seguinte.

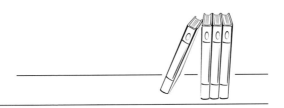

Os personagens e a ação da narrativa

A ação da narrativa, não só a dos quadrinhos, é conduzida por intermédio dos personagens. Eles funcionam como bússolas na trama: são a referência para orientar o leitor sobre o rumo da história. Nos quadrinhos, parte dos elementos da ação é transmitida pelo rosto e pelo movimento dos seres desenhados.

O rosto, como bem mostra a tira de *Liberty Meadows* a seguir, é um dos principais recursos para dar expressividade à imagem representada.

Figura 6.1 – Rosto representa tentativa frustrada de espirro na tira de *Liberty Meadows*.

Acevedo (1990) vê na combinação da sobrancelha com a boca a chave para indicar o estado emocional. As duas transmitiriam quatro expressões básicas: alegria, raiva, tristeza e serenidade. O arranjo entre ambas poderia formar expressões derivadas, como malícia ou ingenuidade. Outro recurso de que o desenhista dispõe é acentuar os traços tanto da boca como da sobrancelha. Essa estratégia permite intensificar a expressão que se pretende representar.

Para Cagnin (1975), a expressão do rosto nos quadrinhos é representada pela combinação de cinco elementos, e não de apenas dois. A estratégia estaria na mescla de olhos, pálpebras, pupilas, sobrancelhas e boca. O autor faz um raciocínio matemático para estudar as expressões faciais. Olhos, pálpebras e pupilas permitem 29 arranjos diferentes. As sobrancelhas, 6 posições distintas. 29 vezes 6 igual a 174. A boca possibilita 9 possibilidades de representação. Nova multiplicação e obtém-se o resultado final: 1.566 formas diferentes de expressão facial. Somadas à postura do corpo, possibilitam um número altíssimo de representações dos personagens, aferidas, evidentemente, pelo contexto em que a história foi produzida.

Na tira a seguir, o personagem Calvin procura imitar uma vaca comendo. A leitura das expressões faciais do menino, principalmente boca e olhos, são essenciais para a compreensão da história.

Figura 6.2 – Expressões do rosto de Calvin simulam uma vaca comendo.

Há criadores que fazem do rosto sua marca registrada. É o caso do desenhista norte-americano Kevin Maguire. Ele tem a tendência de acentuar ao máximo os elementos do rosto humano. Não se limita aos cinco itens propostos por Cagnin. O ilustrador dá movimento também a narizes, bochechas, testa:

Figura 6.3 – Diferentes possibilidades de expressões faciais em cena de *Já fomos a Liga da Justiça*.

Elementos externos ao rosto podem ajudar na transmissão do estado emocional dos personagens. Um recurso é o que Acevedo (1990) chamou de *sinais gráficos:* são formas de "realçar as expressões, para dar-lhes determinada precisão".

No próximo exemplo, o recurso é usado três vezes na mesma tira, sugerindo diferentes sentidos. No segundo quadrinho, os traços "quebrados" acima da cabeça da personagem reforçam a ideia de que ela estaria com raiva. Na vinheta seguinte, a ondulação indica aborrecimento. Na última sequência, as gotas conotam desespero ou choro.

Figura 6.4 – Desenhos em volta da personagem da tira *Juventude* indicam expressividades diferentes.

É importante destacar que o sentido atribuído ao sinal gráfico está diretamente atrelado ao contexto da história. Nas tiras a seguir, de *Ócios do Ofício*, o sinal gráfico "gotas" adquire valores de:

- preocupação

Figura 6.5 – Gotas sugerem preocupação do paciente.

- desespero

Figura 6.6 – Gotas indicam desespero do mergulhador, rodeado por tubarões.

- entusiasmo e preocupação (segunda e terceira vinhetas, respectivamente)

Figura 6.7 – Na segunda vinheta, gotas mostram entusiasmo; na última, preocupação.

- esforço físico excessivo

Figura 6.8 – Esforço do carregador é mostrado por meio das várias gotas em torno da cabeça dele.

Acevedo distingue sinais gráficos de *metáforas visuais*. Estas seriam uma "convenção gráfica que expressa o estado psíquico dos personagens mediante imagens de caráter metafórico" (1990). As metáforas, por outro lado, poderiam aparecer em qualquer parte do quadrinho, dentro ou fora dos balões.

Vergueiro (2006), Eco (1993) e Santos (2002) englobam os dois conceitos no rótulo *metáfora visual*, que seria, nessa acepção, uma forma de expressar ideias ou sentimentos por meio de imagens. Para Santos, a metáfora visual ocorre "quando a imagem se associa a um conceito diferente de seu significado original", a exemplo do que fazem tradicionalmente as metáforas.

Há uma série de situações possíveis, também atreladas ao contexto situacional:

- pregos, raio, estrela, bomba, caveira e outros signos que sugerem palavrões ou termos/pensamentos agressivos

Figura 6.9 – Metáforas visuais de gestos agressivos.

- corações indicam amor ou paixão

Figura 6.10 – Corações indicam paixão.

- nota musical indica assobio ou canto

Figura 6.11 – Metáfora visual mostra assobio de Luluzinha.

- letra "z", escrita uma ou várias vezes, conota sono

Figura 6.12 – Letra "z" sugere sono de Bolinha.

- lâmpada sugere que o personagem teve uma ideia

Figura 6.13 – Lâmpada no balão indica ideia de Bolinha.

A distinção entre sinal gráfico e metáfora visual feita por Acevedo peca num ponto: o sinal gráfico também usa um processo metafórico para gerar sentido, embora nem sempre baseado num signo icônico. Uma reta em cima da imagem de uma cabeça deixa de ser simplesmente uma reta e adquire uma outra conotação, diferente da original, tal qual a metáfora.

Outro exemplo reforça essa linha de raciocínio. A figura 6.9, da briga, não deixa de acentuar aspectos emocionais dos personagens, apesar de utilizar imagens (metafóricas) para indicar a agressividade das pessoas que brigam. Parece-nos mais coerente a linha teórica que rotula o recurso sob o nome de metáfora visual.

A distinção de Acevedo, no entanto, é pertinente num outro aspecto. Ela evidencia que há diferentes graus de metáforas visuais, umas mais icônicas (lâmpada, por exemplo), outras menos (caso das retas, que realmente tendem a aparecer fora dos balões, como afirma o autor).

O corpo fala

As expressões faciais e as metáforas visuais se somam aos gestos dos personagens e à postura do corpo. Ambos têm de estar em perfeita sintonia com a imagem representada, de modo a reforçar o sentido pretendido. Se as feições de um personagem indicarem alegria e o corpo demonstrar irritação, por exemplo, pode-se obter como resultado uma contradição visual.

Para Barbieri (1998), os desenhistas procuram criar expressões estereotipadas, uma herança que viria do teatro. Não seria interessante uma fisionomia que fugisse do convencional por um motivo simples: o leitor (ou a plateia, no caso do teatro) não reconheceria de imediato a emoção vista no personagem e demoraria mais para absorver a informação. No geral, vale a recomendação para facilitar ao máximo o processo de leitura. É um dos motivos pelos quais ele vê nas tiras cômicas uma tendência ao uso de personagens caricatos. Como o formato é reduzido, o recurso seria uma forma de simplificar as informações visuais ao leitor, sem que tenham de ser explicadas verbalmente.

As características levantadas aqui têm um grande ponto em comum: são formas baseadas em representações estáticas, o personagem está parado. A bem da verdade, o caráter estático das figuras não deveria surpreender, posto que são efetivamente figuras estáticas. Mas, como lembra Acevedo (1990), "a história em quadrinhos carece de movimento, mas o sugere". Para dar às imagens noção de deslocamento, há diferentes recursos.

A ideia de movimento, de acordo com Cagnin (1975), baseia-se em duas relações. A primeira é a do todo (corpo) em relação a suas partes. Podem adquirir representação de movimento a cabeça, os olhos, as sobrancelhas, a boca, o tronco do corpo, os braços, a mão (em relação aos braços, segurando algum objeto ou no movimento dos dedos), as pernas, os pés, os cabelos. Há diversos efeitos possíveis. Os exemplos a seguir, apesar de apresentarem figuras estáticas, indicam que os personagens estão em movimento, seja correndo, seja remando, seja lutando:

Figura 6.14 e 6.15 – Representação de corrida e de movimento de remar em cenas de *Turma do Xaxado*.

Figura 6.16 – Movimento dos corpos indica luta entre Batman e Super-Homem.

Partes humanas que normalmente não se mexem podem ser representadas com ideia de movimento (um nariz ou uma orelha, por exemplo). Um objeto pode ser desenhado de uma forma que sugira movimentação, como uma xícara inclinada sobre uma mesa, indicando que está na iminência de cair. O limite, como já mencionado neste livro, é a criatividade do desenhista.

A outra forma de indicação de movimento é com a utilização de *linhas cinéticas*. Acevedo (1990) as define como "linhas que servem para indicar movimento". Segundo ele, é uma forma de reproduzir o momento de um gesto. Um dos modelos é com o uso de signos de contorno ligados a um objeto ou personagem, indicando uma trajetória:

Figura 6.17 – Em sequência de *Fradim*, linha cinética indica a trajetória de um cuspe.

Figura 6.18 – Linha circular indica trajetória da luta entre os dois personagens.

Figura 6.19 – Linha cinética mostra corrida de personagem entre as árvores em sequência de *Asterix*.

O recurso de usar linhas cinéticas para indicar movimento é muito usado nos mangás. Os desenhistas orientais costumam exagerar nas linhas, principalmente nas cenas de ação, como mostram os quatro exemplos a seguir:

Figura 6.20 – *Marusaku*.

Figura 6.21 – *Dr. Slump*.

Figura 6.22 – *Nekomajin*.

Figura 6.23 – *Paraíso: o sorriso do Vampiro*.

Acevedo (1990) chama as linhas cinéticas, em outro momento de sua obra, de *figuras cinéticas*. É também a opção feita por Vergueiro (2006), que as conceitua como uma "convenção gráfica que expressa a ilusão do movimento ou a trajetória dos objetos que se movem". Talvez a dupla nomenclatura tenha origem nas figuras que exerçam função de linhas cinéticas. É um recurso muito usado para sugerir trajetória de movimento.

O caso a seguir, desenhado por Pascual Ferry, mostra uma sequência de voo do personagem Adam Strange. O herói consegue voar porque usa uma espécie de turbina nas costas. O fogo que sai dessa turbina se mescla à ideia de linha cinética para sugerir a trajetória percorrida no ar.

Figura 6.24 – Jato faz as vezes de linha cinética em cena de voo de Adam Strange.

Mesmo que fossem conceitos separados, tanto a linha cinética quanto a figura cinética desempenhariam um mesmo papel na linguagem dos quadrinhos. Por isso, vemos os dois conceitos como sinônimos.

Movimento com base no corpo do personagem ou do objeto, movimento com o auxílio de linhas cinéticas. Há uma terceira situação, não prevista por Cagnin, que usa o corpo como estratégia de movimento.

Há ao menos duas possibilidades. A primeira é quando o corpo de um mesmo personagem é desenhado várias vezes, de modo a sugerir diferentes etapas do movimento, como se a ação ocorresse em câmera lenta. Geralmente, a cor do personagem adquire uma tonalidade mais clara no começo da sequência.

A figura a seguir mostra o super-herói Homem-Aranha dando saltos numa das movimentadas ruas de Nova York. O desenhista Terry Dodson criou seis figuras do personagem. Isoladamente, os braços e as pernas indicam movimento. Em conjunto, sugerem a trajetória feita pelo herói. A tonalidade mais forte da imagem ao centro indica que a sequência termina ali. Em oposição, as demais imagens foram produzidas de forma mais clara para mostrar ao leitor que aquele trecho era parte dos saltos.

Figura 6.25 – Corpo em diferentes posições sugere trajetória percorrida pelo Homem-Aranha.

A outra possibilidade ocorre quando o contorno do corpo ou parte dele são reproduzidos mais de uma vez numa mesma sequência. A repetição dá a impressão de movimento, como mostram os exemplos a seguir:

Figura 6.26 – *Calvin e Haroldo*.

Figura 6.27 – *Asterix*.

Figura 6.28 – *Bolinha*.

Figura 6.29 – *Asterix*.

Figura 6.30 – *Fradim*.

Os exemplos analisados mostram que a imagem, ao mesmo tempo em que dá ideia de movimento, indica uma sucessão de momentos, por menor que seja. Na prática, isso quer dizer que a noção de movimento está atrelada à de tempo, tópico que será trabalhado no último capítulo deste livro.

Os diferentes estilos de desenho

Para Cagnin (1975), os personagens podem ser desenhados de maneira *realista, estilizada* ou *caricata*. As imagens a seguir mostram o mesmo personagem, Batman, representado respectivamente nos três estilos:

Figuras de 6.31 a 6.33 – Batman desenhado nos estilos realista (à esq.), estilizado (ao centro) e caricato (à dir.).

Nota-se que há graus de realismo, indo de uma representação de Batman mais "real" (figura 6.31) para outras gradativamente mais caricatas. Hoje em dia, pode-se pensar num outro rótulo, o *ultra ou hiper-realista*. São desenhos feitos a óleo, alguns baseados em modelos vivos. Ficaram muito populares nos Estados Unidos por causa de trabalhos do desenhista Alex Ross. É dele a ilustração a seguir, também de Batman:

Figura 6.34 – Batman no traço hiper-realista do desenhista Alex Ross.

O ponto que talvez seja mais relevante é que o gênero da história influencia o modelo expressivo do personagem, sendo mais ou menos realista. Embora deixe claro que não é regra, Vergueiro (2006) indica haver uma tendência: "Histórias cômicas tendem a ter personagens caricatos, histórias de aventuras costumam utilizar-se de uma representação realista dos personagens". Por isso, as tiras cômicas trabalham em sua maioria com o recurso da caricatura e as de super-heróis, com o modelo realista.

A imagem do personagem, independentemente do estilo do desenho, possui uma gama de informações. A roupa, o cabelo, os detalhes e o formato do rosto, o tamanho do corpo, tudo é informação visual.

Eisner (2005) gosta de lembrar que a composição de um personagem também passa por algum tipo de estereótipo. O herói, em geral, possui porte atlético. O vilão, feições más, bigodes, algo que lembre ao leitor que se trata de uma pessoa ruim. Não seguir esse roteiro pode trazer outro sentido à história. O autor ilustra esse raciocínio com o exemplo a seguir, publicado no livro *Narrativas gráficas de Will Eisner*:

Figura 6.35 – Resgate feito pelo estereótipo do herói (à esq.) e pelo rótulo do personagem cômico (à dir.).

Segundo Eisner, a aparência física de um personagem diz muito ao leitor. O quadrinho da esquerda mostra um hipotético protagonista, prestes a salvar a "mocinha" da história. Ele apresenta corpo atlético, cabelo liso, um traço mais próximo de uma imagem real.

Na segunda vinheta, o "herói" é representado num estilo mais caricato: usa óculos, tem cabelos ondulados, pernas um pouco tortas, dentes salientes, um colete sobre a camisa. A fala é a mesma ("Para trás! Eu vim salvá-la!"), mas o efeito expressivo não. Há **estereótipos diferentes**.

> Para Eisner (2005), "um homem forte reforça a credibilidade no romance, enquanto uma incongruência que provoca humor é conseguida usando-se o estereótipo de um nerd". Acevedo (1990) tem leitura semelhante.

O artista, na hora de produzir a história, trabalharia com padrões de referência de personalidade, que seriam compartilhados com o leitor.

Vale registrar que o recurso foi usado também nos dois outros personagens: a bela mocinha está amarrada, em perigo; o vilão apresenta rosto sofrido, barba por fazer, cabelos compridos. É preciso haver um casamento entre desenho e assunto abordado. O produtor da história deve ter o cuidado de adaptar os diálogos ao estereótipo adotado. Do contrário, pode-se criar uma sequência inverossímil aos olhos do leitor. A não ser que a fuga ao rótulo seja intencional por algum motivo, como nas situações em que se mesclam estereótipos para confundir o leitor. É um recurso muito comum para criar suspense sobre quem seria o suposto assassino da história. O verdadeiro culpado tem de dissimular a autoria do crime até ser desmascarado, normalmente no fim da história.

Eco (1993) entende que o estereótipo agrega em si valores ideológicos. Por que se usa o corpo atlético como referência positiva, por exemplo? Não só por isso, mas também por esse motivo, os quadrinhos seriam ideologicamente determinados. Haveria, no raciocínio de Eco, duas problemáticas, uma estética, outra ideológica.

Embora não discordemos do autor quanto aos aspectos ideológicos, o relevante, a nosso ver, é que o produtor da história tenha estereótipos em mente na hora de compor um personagem. Os rótulos são utilizados para facilitar o processo de identificação da figura representada, de modo a tornar mais acessível a narrativa para o leitor. Isso diz muito ao leitor no acompanhamento da história. Personagens cômicos tendem a possuir falhas de comportamento e um aspecto visual mais caricato, recurso muito utilizado, por exemplo, nas tiras cômicas.

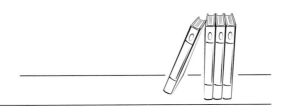

O espaço e o tempo nos quadrinhos

Algumas formas de tempo já foram discutidas nos capítulos anteriores. Em geral, estavam relacionadas aos recursos usados para dar movimento ao corpo do personagem dentro do quadrinho. A figura pode estar numa posição que sugira ideia de ação. Uma pessoa caindo, por exemplo. Por mais que seja desenhada de forma estática, infere-se que esteja no ar, em queda, e que, em algum momento, atingirá o chão. Fica implícita uma noção de duração temporal. Vemos a figura caindo e inferimos o que ocorreu anteriormente e o evento seguinte, o fim da queda. Há, na mesma imagem, um antes e um depois.

É essa simulação de movimento o mote do humor da tira cômica de *Garfield* vista a seguir. Ele permanece imutável, embora a posição sugira mudança de posição. "Estou criando uma ilusão de movimento", pensa, no segundo quadrinho:

Figura 7.1 – Tira de *Garfield* ironiza posição do corpo como recurso de movimento.

Outro mecanismo já discutido são as *linhas cinéticas*. Elas também indicam uma mudança na posição do corpo ou de parte dele. A representação da trajetória contém, em si, ideia de tempo, por menor que seja a duração. Se eu movo a cabeça de um lado para o outro e esse movimento dura, digamos, dois segundos, significa que a ação durou dois segundos. O mesmo princípio vale para as linhas cinéticas nos quadrinhos.

Os casos vistos até aqui mostram situações temporais dentro das vinhetas. A proposta, agora, é alargar o conceito de tempo aplicado aos quadrinhos e ver como ele interfere no processo narrativo, dentro de um só quadrinho ou quando se relaciona sequencialmente a outro.

O tempo na linguagem dos quadrinhos

Tempo é elemento essencial nos quadrinhos. É percebido pela disposição dos balões e dos quadrinhos. Quanto maior o número de vinhetas para descrever uma mesma ação, maior a sensação e o prolongamento do tempo. É o caso do exemplo de *Garfield*, visto há pouco. Quanto maior o corte entre uma cena e outra e menor o número de quadrinhos, menor a presença de um mesmo momento.

No próximo exemplo, também de *Garfield*, o gato come um passarinho a cada vinheta. O leitor infere a informação pela diminuição do número de pássaros a cada quadrinho, pelas penas no chão na segunda e terceira vinhetas e pela bochecha do personagem, que fica gradativamente mais inchada. Entre um quadrinho e outro, houve uma sucessão rápida de acontecimentos, inferida por meio das pistas visuais.

Figura 7.2 – Na tira de *Garfield*, leitor infere que o gato come os pássaros entre um quadrinho e outro.

A figura do personagem também pode funcionar como âncora para a indicação do tempo transcorrido na história. A imagem da pessoa envelhece a cada vinheta, sugerindo o transcorrer de anos entre uma e outra. A tira cômica a seguir é um caso assim:

Figura 7.3 – Do segundo para o terceiro quadrinho, Mônica e Cebolinha envelhecem.

Na figura, Cebolinha tenta descobrir o que há na mão de Mônica, personagem cujo nome não aparece na tira, mas é inferido pelo leitor com base em conhecimentos anteriores. Passam-se anos, e Cebolinha não acerta a resposta. O passar do tempo é percebido no corte da segunda para a terceira vinheta. Numa, os dois personagens são representados como crianças. Na outra, a última, aparecem como dois idosos, com feições envelhecidas, corpo crescido. Para acentuar a representação visual, Mônica está com as costas curvadas para a frente e chinelos nos pés. Cebolinha, com barba longa e branca (criança não possui barba). Percebe-se que são os mesmos personagens por causa da roupa, indicada pelos signos plásticos (cores vermelha e verde) e icônicos (vestido, calção e camiseta), dos dentes acentuados da menina, uma de suas principais marcas visuais, e dos cabelos.

Reduzir o corte de tempo de uma ação para outra tende a criar baixo grau de inferências e aumenta o aspecto descritivo entre as vinhetas. Traz também algumas limitações, como uma redução da indicação de movimento dos personagens dentro do quadrinho. Barbieri (1998) afirma que o recurso permite à cena narrativa um prolongamento do tempo, tal qual faz a câmera lenta no cinema. É o caso do exemplo a seguir, que descreve uma coreografia de dança:

Figura 7.4 – Dança de "macarena" é mostrada como se fosse feita em câmera lenta.

Um outro efeito possível do prolongamento do tempo é o aumento da tensão de determinada cena. O leitor acompanha, num exemplo hipotético, um tiroteio. Até a arma ser sacada e o disparo ser feito, há uma sequência de dez vinhetas. O tempo representado não é maior do que segundos. A estratégia permite criar um ar de expectativa no leitor.

McCloud (2005) defende que essa percepção temporal não precisa existir apenas entre os quadrinhos. Ela pode ser vista numa única vinheta, feita com um tamanho um pouco maior. O primeiro quadrinho é maior que os demais. Segundo McCloud, isso cria a sensação de um período de tempo mais longo.

Cagnin (1975) propõe seis maneiras de como o tempo pode aparecer na linguagem dos quadrinhos:

1. **Sequência de um antes e um depois**
   Ocorre quando se omitem elementos de uma sequência por meio da elipse, como comentado há pouco. A comparação entre os dois momentos possibilita a percepção de sucessão temporal. Pode ser sintetizado em um só quadrinho ou ocorrer entre duas vinhetas.

Exemplo:

Figura 7.5 – Sucessão de um antes e um depois entre o primeiro e o último quadrinho.

2. Época histórica

É a representação do período histórico vivido pelos personagens. O signo visual icônico é o elemento central para se perceber o momento histórico (por meio de roupas, cenário etc.). Exemplo:

Figura 7.6 – Roupas, chapéus e armas representam época dos *vikings* nas tiras de *Hagar*.

3. Astronômico

São os recursos utilizados para indicar os períodos do dia, como utilização do sol ou da lua. Exemplo:

Figura 7.7 – Tira de *Mônica* mostra o ciclo de um dia, do entardecer ao nascer do sol.

4. **Meteorológico**
   Trata-se do clima (calor, frio etc.), transmitido pelo cenário ou pelas roupas dos personagens. Exemplo:

Figura 7.8 – Chuva, guarda-chuva e roupa: elementos visuais indicam passagem de um temporal.

5. **Tempo da narração**
   É o momento da representação da ação em si, que se torna presente enquanto é lido. Todos os quadrinhos possuem esse elemento.

6. **Tempo de leitura**
   Embora o leitor tenha contato com todos os quadrinhos da página, há uma certa linearidade na leitura. Segundo Cagnin, um quadrinho agrega três momentos de tempo de leitura: futuro (parte ainda não lida), presente (momento da leitura), passado (após a leitura).

Nem toda história possui as seis formas de indicação de tempo, assim como todos não precisam ocorrer simultaneamente. Os itens 1 e 6 nos parecem os mais relevantes para o processo sociocognitivo de produção do sentido nos quadrinhos. O corte entre as vinhetas produz as inferências necessárias para a condução da narrativa e isso só é percebido durante o processo de leitura.

Para Cirne (1975), os tempos de narração e de leitura acabariam por se confundir. O autor usa como exemplo um super-herói correndo em altíssima velocidade. Aquele fragmento de cena representado no quadrinho poderia durar milésimos de segundo. Seria o tempo narrado. Os balões de fala, no entanto, levariam alguns segundos para serem lidos por quem acompanha a história. Essa duração seria o tempo de leitura.

Barbieri (1998) apresenta conclusões bem parecidas. Para o pesquisador, há uma relação direta entre os tempos do relato narrativo e o de leitura. Ele defende que existe um tempo médio ou ideal de leitura, já que cada pessoa tem um contato diferente com o texto.

Muitas vezes, esse tempo médio de leitura vai depender da quantidade de frases a serem lidas. Os diálogos nos balões provocariam o que o autor chamou de *efeito de duração*: quanto mais palavras e frases há, mais lento é o ritmo da leitura; quanto menor quantidade de trechos verbais escritos, mais rápido tende a ser o contato com o texto.

Um bom exemplo é o da revista norte-americana de humor *Mad*, que costuma fazer paródias de longas-metragens. É comum os autores criarem uma cena com vários personagens mantendo diálogos diferentes. O tempo de leitura é longo, o que cria um efeito de duração maior, aumentando também o tempo narrativo.

O trecho a seguir brinca com o filme *Guerra nas Estrelas*, de 1977. Há três sequências simultâneas de diálogos. O leitor tem a sensação de que o tempo narrado no quadrinho é maior porque demora mais para ler todos os balões e frases nele contidos.

Figura 7.9 – Na sequência da revista *Mad*,
o excesso de diálogos prolonga o tempo de leitura.

Com a *legenda*, espaço em geral reservado à figura do narrador, haveria uma sutil diferença. Ela poderia aumentar ou encurtar o tempo de leitura, assim como o balão, mas não interferiria no tempo da ação relatada. Segundo Barbieri (1998), "trata-se de palavras sobre a história, que dizem respeito à história, e não palavras na história, como são os diálogos".

O espaço na linguagem dos quadrinhos

As descrições de *tempo* e de *espaço* foram separadas para facilitar a análise das características de ambos. Mas os dois elementos narrativos estão firmemente associados. Franco (2004) chega a afirmar que, nos quadrinhos, o tempo é espacial. Cirne (1975) defende que a "narrativa dos quadrinhos funda-se sobre a descontinuidade gráfico-espacial", montada a partir da mudança de imagem para imagem, intermediada pelas elipses. A oposição de uma à outra fundamenta a narrativa.

O espaço varia: pode ser uma imagem de paisagem ou até do espaço sideral. Em geral, utiliza personagens para poder contar a narrativa e é cercado pela linha de contorno (embora existam casos, já vistos, de quadrinhos sem a linha). Os quadrinhos possibilitam a percepção de uma série de elementos, como distância, proporção, volume.

A percepção visual permite observar também que há diferentes planos e ângulos possíveis. A referência, em geral, é o corpo do ser humano, mesmo que seja representado de maneira caricata.

Parece haver consenso entre os diferentes teóricos dos quadrinhos quanto aos tipos de planos. A descrição se parece com o funcionamento do botão de "zoom" de uma máquina fotográfica ou câmera de filmar. O corpo humano pode estar bem distante do visor. Mas o recurso tecnológico permite aproximar a imagem até que esteja numa distância boa para identificar e realçar o rosto da pessoa. Ou o contrário: ela está próxima e um toque no botão distancia a imagem.

Ocorre o mesmo raciocínio nos quadrinhos, como bem ilustra a tira cômica a seguir, do desenhista Rafael Sica. A cada quadrinho, o personagem se distancia mais e mais do olhar do leitor. O recurso gráfico utilizado foi o de diminuir gradativamente o corpo do homem representado no desenho.

Figura 7.10 – Personagem da tira vai gradativamente se distanciando do olhar do leitor.

Os exemplos a seguir são de um mesmo personagem, o milionário Oliver Queen, alter ego do herói *Arqueiro Verde*.

As vinhetas ilustram os diferentes planos de visão possíveis nos quadrinhos:

- **Plano geral ou panorâmico**
  Vê-se a figura humana por completo. Na prática, é amplo o bastante para englobar o cenário e os personagens representados. Na figura ao lado, o personagem representado está no canto superior esquerdo. Não é possível identificar quem é.

Figura 7.11 – Plano geral ou panorâmico.

- **Plano total ou de conjunto**

    O ser é representado de maneira mais próxima. Reduz-se a importância do ambiente que o cerca e o personagem passa a ganhar mais atenção. "O cenário é mínimo", diz Cagnin (1975). Essa é a principal distinção entre este plano e o geral.

    Figura 7.12 – Plano total ou de conjunto.

- **Plano americano**

    Mostra dos joelhos para cima. Acevedo (1990) chama de *plano de conversação*. Não adotamos a nomenclatura por julgarmos que se atrela à necessidade de um diálogo, o que nem sempre ocorre. Concordamos, no entanto, que o foco começa a ser o rosto da pessoa, o que facilita o diálogo.

Figura 7.13 – Plano americano.

- **Plano médio ou aproximado**
  Da cintura para cima. Há reforço nos traços do rosto do personagem. É a partir deste plano que ficam mais evidentes os recursos de expressão facial. É muito usado para diálogos, como mostra a imagem a seguir:

Figura 7.14 – Plano médio ou aproximado.

- **Primeiro plano**
  Dos ombros para cima. Neste caso, o foco está nas expressões faciais.

Figura 7.15 – Primeiro plano.

- **Plano de detalhe, pormenor ou *close-up***
  Pode ser chamado ainda de *primeiríssimo plano* (termo que optamos não adotar). A atenção é para detalhes do rosto ou de objetos.

Figura 7.16 – Plano de detalhe, pormenor ou *close-up*.

- **Plano em perspectiva**
  É mencionado apenas por Cagnin. Ocorre quando há uma soma de diferentes planos. No caso a seguir, o único que não é de uma história com o Arqueiro Verde, é possível ver um *continuum* de planos, indo de imagens mais próximas ao leitor a outras, mais distantes.

Figura 7.17 – Vinheta em perspectiva.

Eco (1993) defende que os planos utilizados nos quadrinhos foram "importados" dos longas-metragens: "No plano do enquadramento, a estória em quadrinhos é claramente devedora ao cinema de todas as suas possibilidades e de todos os seus gestos".

Cirne (1975) relativiza a afirmação. Para o autor, os primeiros planos teriam surgido paralelamente aos primeiros quadrinhos, ainda no século XIX, leitura com a qual concordamos. Embora haja a necessidade de um estudo mais aprofundado, tudo indica que elementos utilizados décadas depois no cinema já apareciam nas primeiras histórias em quadrinhos. Qualquer narrativa visual produzida pelos pioneiros dos quadrinhos, em especial do século XIX, serve de exemplo.

Cirne admite, porém, que os quadrinhos beberam da fonte cinematográfica após esta estar consolidada. Entende-se que seja uma via de mão dupla, e não única. É o que o autor chamou de interferência semiológica entre as duas linguagens. Os efeitos de oposição entre as cores claras e escuras seriam herança do cinema. Planos como o panorâmico, por outro lado, teriam surgido inicialmente nos quadrinhos, mais especificamente em *Little Nemo*, publicado nos Estados Unidos entre 1905 e 1911 e, num segundo momento, entre 1924 e 1927. É como afirma Barbieri (1998) na discussão feita no capítulo "Os Gêneros das histórias em quadrinhos": trata-se de ambientes diferentes, que apresentam linguagens próprias, que se inter-relacionam.

Os planos podem ser vistos por diferentes ângulos. Imagine esta folha. Espera-se que o leitor a esteja vendo por cima, com a cabeça sutilmente inclinada para a frente. Se o leitor mudasse de posição, observaria o papel de um outro ângulo. Suponhamos que a folha estivesse sobre uma mesa de vidro. Se o corpo se movesse e se posicionasse na parte de baixo da mesa, veria o mesmo objeto de uma outra maneira.

Ângulo de visão "é o ponto a partir do qual a ação é observada", como diz Acevedo (1990). Os diferentes ângulos usados na linguagem dos quadrinhos são um aspecto que também parece consensual entre os teóricos:

- **De visão médio**
  Segundo Vergueiro (2006), a "cena é observada como se ocorresse à altura dos olhos do leitor". A maioria das figuras apresentada neste capítulo utiliza esse recurso.

- **De visão superior (ou *plongé*, ou picado)**
  Visão de cima para baixo, como mostram as figuras a seguir:

Figura 7.18 – *Dez pãezinhos*.

Figura 7.19 – *Santô e os Pais da Aviação*.

- **De visão inferior (ou contra-*plongé* ou contrapicado)**
  De baixo para cima. Um exemplo muito lembrado é o de uma história de *Sonhos de um comilão*, de 1905, escrita e desenhada por Winsor McCay, que assinava sob o pseudônimo Silas. Serve também para os defensores do caráter pioneiro dos quadrinhos em relação à linguagem do cinema. Sempre que comia, o protagonista tinha pesadelos. Num deles, ele se vê sendo enterrado, observando, de dentro do que seria o caixão, a conversa de seus amigos e familiares. O ponto de vista da história é o dele, olhando o que se passa acima da cova:

Figura 7.20 – Vinheta de *Sonhos de um comilão*.

O hiato e a elipse

A exposição ficaria falha se não fosse discutido o espaço existente entre um quadrinho e outro. Cirne (1975) o define como "cada hiato [...] que separa as cercaduras dos quadros", representando uma elipse. "O corte, em si, já indica uma particular situação elíptica, impondo ao consumidor uma leitura de imagens ocultas ou subentendidas pela narrativa".

O nome **hiato** vem de Fresnault-Deruelle (1972), que vê no recurso a descontinuidade ou ruptura necessária para a condução da narrativa quadrinística. Cagnin (1975) defende que o fragmento elíptico nunca terá um momento presente. Ou será o futuro da vinheta anterior ou o passado daquilo que acabou de ser lido.

> Não são todos os autores que dão nome ao espaço existente entre um quadrinho e outro. Entre os que batizaram o termo, há tendência em chamá-lo de *sarjeta*, como o fazem Eco (1993), McCloud (2005) e Santos (2002). Parece-nos apropriado o termo de Fresnault-Deruelle, *hiato*, por destacar o aspecto da elipse.

O que ocorre, na prática, é um processo de inferência de informações, obtidas dentro do contexto, como foi comentado anteriormente neste capítulo. Para McCloud (2005), há seis diferentes possibilidades de salto de um quadrinho para outro:

- de momento para momento (do dia para a noite, por exemplo);
- de ação para ação;
- de tema para tema (a cena muda, mas a ideia entre um quadrinho e outro permanece a mesma);
- de cena para cena (há mudança de uma cena para outra);
- de aspecto para aspecto (o olho passa por diferentes aspectos da cena; cada quadrinho apresenta um detalhe da cena, como numa detalhada descrição);
- *non sequitur* (corte entre vinhetas sem uma sequência aparentemente lógica).

Segundo McCloud, a tendência é a de mudança de ação para ação, de tema para tema e de cena para cena. Ao menos no mundo ocidental. No Japão, os criadores utilizariam bastante a mudança de aspecto para aspecto, consequência da cultura do país, grande produtor mundial de quadrinhos.

Cirne (1975) simplifica a divisão entre um quadrinho e outro. Há, para o autor, duas formas de elipse:

1. as que indicam uma sequência de eventos no tempo, chamada de *pequenas elipses*;

Figura 7.21 – Exemplo de pequena elipse no corte entre os quadrinhos.

2. as que indicam um corte maior tanto no espaço como no tempo narrativos, ou *grandes elipses*;

Figura 7.22 – Corte maior entre as vinhetas gera uma grande elipse.

Embora Cirne não discuta o assunto, é importante mencionar que o plano – em geral médio, de detalhe ou primeiro plano – é um recurso muito usado para não revelar informações sobre o cenário ao leitor.

O desenhista pode utilizar planos que valorizam o personagem ou parte dele, e não o ambiente. No corte de uma vinheta para outra, o plano abre, valorizando toda a cena narrativa. Segundo Ramos (2007), é um recurso muito usado nas tiras cômicas para esconder o desfecho inusitado do último quadrinho, que provoca o humor, como ocorre no exemplo a seguir:

Figura 7.23 – Tira omite no primeiro quadrinho ataque do leão; recurso utilizado para surpreender o leitor.

Cirne (1975) menciona um caso que merece registro, principalmente pela peculiaridade da ocorrência: é o de construções que intercalam quadrinhos, mas com uma mesma cena. É como se uma determinada imagem fosse quebrada em mais de um quadrinho. Nesse caso, haveria uma neutralização da elipse, como na narrativa a seguir:

Figura 7.24 – Tira usa hiatos entre os quadrinhos, mas é como se fosse uma única cena.

Outro exemplo peculiar dá uma outra função ao hiato. Nas duas tiras cômicas a seguir, o desenhista Laerte usa o espaço em branco não só para separar uma vinheta da outra, mas também para fazer um comentário do narrador. O espaço do hiato adquire um duplo papel: separa as vinhetas e funciona como legenda.

Figura 7.25 – Tira de *Piratas do Tietê* usa hiato entre as vinhetas como legenda narrativa.

Figura 7.26 – *Piratas do Tietê*: outro caso de legenda entre quadrinhos.

Casos como esses são raros. Pode-se deduzir, que, entre as vinhetas, há um processo de economia de imagens (colocam-se as cenas mais relevantes) e de inferência de informações. Independentemente do corte feito ou de a elipse ser pequena ou grande, haverá um sequência narrativa entre um antes e um depois. É o que nos parece mais relevante nessa discussão.

Ramos (2007) defende que o processo gera diferentes níveis de inferência por parte do leitor. Este articula sociocognitivamente, entre uma vinheta e outra, elementos coesivos visuais. Se o personagem aparecer numa vinheta, digamos, sentado e, na seguinte, em pé, a leitura sugerida pelo corte entre os quadrinhos é que a pessoa representada se levantou. A inferência foi possível por meio da recuperação do **objeto de discurso** visual, manifestado na figura do personagem.

> Na visão de Mondada e Dubois (2003) o ato de enunciação cria categorias referenciais, que mudam e se moldam na progressão do texto. São, então, recategorizadas durante a leitura textual. Esse processo constrói objetos de discurso. Essa leitura é compartilhada por Koch e Marcuschi (1998).

Segundo Ramos, o mesmo mecanismo coesivo e de inferência pode ser sintetizado numa única vinheta. A leitura encontra reforço em Cagnin (1975), que chama o recurso de *redução*. Nesse caso, o antes e o depois da narrativa ficam condensados no mesmo quadrinho, como ilustra o exemplo a seguir:

Figura 7.27 – Tira de *Classificados* resume a ação narrativa num único quadrinho.

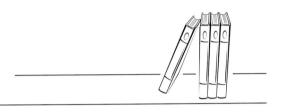

Bibliografia

ACEVEDO, Juan. *Como fazer histórias em quadrinhos*. Trad. Sílvio Neves Ferreira. São Paulo: Global, 1990.
BAKHTIN, Mikhail. Os gêneros do discurso. In: _____. *Estética da criação verbal*. Trad. Maria Ermantina Galvão G. Pereira. 3. ed. São Paulo: Martins Fontes, 2000 [1953], pp. 277-326. (Coleção Ensino Superior)
BARBIERI, Daniele. *Los lenguajes del cómic*. 1 reimpr. Barcelona: Paidós, 1998.
CAGNIN, Antônio Luiz. *Os quadrinhos*. São Paulo: Ática, 1975.
CIRNE, Moacy. *BUM! A explosão criativa dos quadrinhos*. Petrópolis: Vozes, 1970.
_____. *Para ler os quadrinhos:* da narrativa cinematográfica à narrativa quadrinizada. 2. ed. Petrópolis: Vozes, 1975.
ECO, Umberto. *Apocalípticos e integrados*. Trad. Pérola Carvalho. 5. ed. São Paulo: Perspectiva, 1993. (Coleção Debates, v. 9)
_____. *A misteriosa chama da rainha Loana*. Trad. Eliana Aguiar. Rio de Janeiro:Record, 2005.
EGUTI, Clarícia Akemi. *A representatividade da oralidade nas histórias em quadrinhos*. São Paulo, 2001. 183 f. Dissertação (Mestrado em Filologia e Língua Portuguesa) – Faculdade de Filosofia, Letras e Ciências Humanas, Universidade de São Paulo.
EISNER, Will. *Quadrinhos e arte sequencial*. Trad. Luís Carlos Borges. São Paulo: Martins Fontes, 1989.
_____. *Narrativas gráficas de Will Eisner*. Trad. Leandro Luigi del Manto. São Paulo: Devir, 2005.
FRANCO, Edgar Silveira. *Hqtrônica:* do suporte papel à rede internet. São Paulo: Annablume; Fapesp, 2004.
FRESNAULT-DERUELLE, Pierre. *La bande dessinée*. Paris: Hachette, 1972.
GALEMBECK, Paulo de Tarso. O turno conversacional. In: PRETI, Dino (org.). *Análise de textos orais*. 4. ed. São Paulo: Humanitas, 1999, pp. 55-79. (Projetos Paralelos/Nurc; vol. 1)

IANNONE, Leila Rentroia; IANNONE, Roberto Antonio. *O mundo das histórias em quadrinhos.* São Paulo: Moderna, 1994. (Coleção Desafios)

KOCH, Ingedore Villaça; MARCUSCHI, Luiz Antônio. Processos de referenciação na produção discursiva. D.E.L.T.A., vol. 14, 1998, pp. 169-190.

LAUAND, Jean. O laboratório do Tio Patinhas. *Língua Portuguesa*, ano 1, n. 9, julho de 2006, p. 23.

MAINGUENEAU, Dominique. Le dialogue philosophique comme hypergenre. In: COSSUTTA, Frédéric. *Le dialogue:* introduction à un genre philosophique. Paris: Presses Universitaires du Septentrion, 2004, pp. 85-103.

_____. Genre, hypergenre, dialogue. *Calidoscópio.* São Leopoldo: Unisinos, maio/agosto de 2005, v. 3, n. 2, pp. 131-137.

_____. *Discurso literário.* Trad. Adail Sobral. São Paulo: Contexto, 2006.

MCCLOUD, Scott. *Desvendando os quadrinhos.* Trad. Hélcio de Carvalho e Marisa do Nascimento Paro. São Paulo: M. Books, 2005.

MENDONÇA, Márcia Rodrigues de Souza. Um gênero quadro a quadro: a história em quadrinhos. In: DIONISIO, Angela Paiva; MACHADO, Anna Rachel; BEZERRA, Maria Auxiliadora (orgs.). *Gêneros textuais & ensino.* Rio de Janeiro: Lucerna, 2002, pp. 194-207.

MONDADA, Lorenza; DUBOIS, Daniele. Construção dos objetos de discurso e categorização: uma abordagem dos processos de referenciação. In: CAVALCANTE, Mônica Magalhães; RODRIGUES, Bernardete Biasi; CIULLA, Alena (orgs.). *Referenciação.* São Paulo: Contexto, 2003, pp. 17-52. (Coleção Clássicos da Linguística)

PRETI, Dino. Níveis sociolinguísticos e revistas em quadrinhos. *Revista de Cultura Vozes. Panorama da Sociolinguística*, 1973, n. 8, pp. 33-41.

_____. A gíria na sociedade contemporânea. In: VALENTE, André (org.). *Língua, linguística e literatura.* Rio de Janeiro: Eduerj, 1998, pp. 119-127.

_____. *Sociolinguística:* os níveis de fala. 9. ed. São Paulo: Edusp, 2000.

_____. O diálogo de ficção na mídia: TV, cinema e teatro. *Todas as Letras. Revista de língua e literatura,* 2003, ano 5, n. 5, pp. 13-26.

RAMOS, Paulo. *Tiras cômicas e piadas:* duas leituras, um efeito de humor. São Paulo, 2007. 424 f. Tese (Doutorado em Filologia e Língua Portuguesa) – Faculdade de Filosofia, Letras e Ciências Humanas, Universidade de São Paulo.

_____. O uso da gíria nas histórias em quadrinhos. (No prelo)

REVISTA de cultura vozes. Vozes: Rio de Janeiro, julho de 1969, n. 7, ano 63.

ROMUALDO, Edson Carlos. *Charge jornalística. Intertextualidade e polifonia.* Um estudo de charges da Folha de S.Paulo. Maringá: Eduem, 2000.

SANTOS, Roberto Elísio dos. *Para reler os quadrinhos Disney:* linguagem, evolução e análise de HQs. São Paulo: Paulinas, 2002.

SILVA, Diamantino da. *Quadrinhos para quadrados.* Porto Alegre: Bels, 1976.

SILVEIRA, Valéria Rodrigues Hora. *A palavra-imagem nos gestos de leitura:* os quadrinhos em discussão. São Paulo, 2003. 299 f. Dissertação (Mestrado em Língua Portuguesa) – Pontifícia Universidade Católica de São Paulo.

URBANO, Hudinilson. Marcadores conversacionais. In: PRETI, Dino (org.). *Análise de textos orais.* 4. ed. São Paulo: Humanitas, 1999, pp. 81-101. (Projetos Paralelos/NURC; vol. 1).

_____. *Oralidade na literatura (o caso Rubem Fonseca).* São Paulo: Cortez, 2000.

VERGUEIRO, Waldomiro. *Histórias em quadrinhos:* seu papel na indústria de comunicação de massa. São Paulo, 1985. 181 f. Dissertação (Mestrado em Ciências da Comunicação) – Escola de Comunicações e Artes, Universidade de São Paulo.

_____. A linguagem dos quadrinhos: uma "alfabetização" necessária. In: RAMA, Ângela; VERGUEIRO, Waldomiro (orgs.). 3. ed. *Como usar as histórias em quadrinhos na sala de aula.* São Paulo: Contexto, 2006. pp. 31-46.

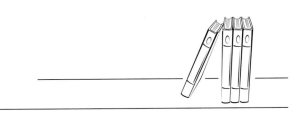

Iconografia

Capítulo "Os gêneros das histórias em quadrinhos"
Figura 1.1: LAERTE. *Classificados*: livro 3. São Paulo: Devir, 2004. **Figura 1.2:** OLIVEIRA, Cláudio de. *Pizzaria Brasil*: da reabertura política à reeleição de Lula. São Paulo: Devir, 2007. **Figura 1.3:** QUINO. *Cada um no seu lugar*. São Paulo: Martins Fontes, 2005. **Figura 1.4:** DAVIS, Jim. *Garfield*: um gato pesado. Porto Alegre: L&PM, 2006. (Coleção L&PM Pocket). **Figura 1.5:** GOULD, Chester. *Dick Tracy*. 2. ed. Porto Alegre: L&PM, 1990. **Figura 1.6:** Id., ibid. **Figura 1.7:** Id., ibid. **Figura 1.8:** VERISSIMO, Luis Fernando & PAIVA, Miguel. *Ed Mort em Disneyworld blues*. Porto Alegre: L&PM, 1987. **Figura 1.9:** Id., ibid.

Capítulo "A representação da fala e do pensamento"
Figura 2.1: WATTERSON, Bill. *O mundo é mágico*: as aventuras de Calvin e Haroldo. São Paulo: Conrad, 2007. **Figura 2.2:** ORLANDELI, Grump. In: FAOZA; ORLANDELI & SALVADOR (orgs.). *Central de Tiras*. São Paulo: Via Lettera, 2003. **Figura 2.3:** Id., ibid. **Figura 2.4:** OUTCAULT, Richard Fenton. *The Yellow Kid*: a centennial celebration of the kid who started the comics. Northampton: Kitchen Sink Press, 1995. **Figura 2.5:** SOUSA, Mauricio de. *Cebolinha*. São Paulo: Globo, 2006. (Coleção As Melhores Tiras). **Figura 2.6:** LAERTE. *Hugo para principiantes*. São Paulo: Devir, 2005. **Figura 2.7:** _____. *Os gatos*: bigodes ao léu. São Paulo: Devir, 2004. **Figura 2.8:** SOUSA, Mauricio de. *Cebolinha*. São Paulo: Globo, 2006. (Coleção As Melhores Tiras).

Figura 2.9: LAERTE. *Piratas do Tietê 1*: a escória em quadrinhos. Porto Alegre: L&PM, 2006. (Coleção L&PM Pocket). **Figura 2.10:** LAERTE. *Hugo para principiantes*. São Paulo: Devir, 2005. **Figura 2.11:** QUINO. *Toda Mafalda*: da primeira à última tira. São Paulo: Martins Fontes, 1991. **Figura 2.12:** Id., ibid. **Figura 2.13:** *Luluzinha vai às compras*. São Paulo: Devir, 2006. **Figura 2.14:** VASQUES, Edgar. *Rango 30 anos*: o gênio gabiru. Porto Alegre: L&PM, 1998. **Figura 2.15:** *Marvel apresenta*: defensores. São Paulo: Panini, outubro de 2006, n. 26. **Figura 2.16:** QUINO. *Toda Mafalda*: da primeira à última tira. São Paulo: Martins Fontes, 1991. **Figura 2.17:** LAERTE. *Os gatos*: Bigodes ao léu. São Paulo: Devir, 2004. **Figura 2.18:** Id., ibid. **Figura 2.19:** QUINO. *Toda Mafalda*: da primeira à última tira. São Paulo: Martins Fontes, 1991. **Figura 2.20:** LAERTE. *Hugo para principiantes*. São Paulo: Devir, 2005. **Figura 2.21:** QUINO. *Toda Mafalda*: da primeira à última tira. São Paulo: Martins Fontes, 1991. **Figura 2.22:** *X-Men Extra*. Panini: São Paulo, outubro de 2005, n. 46. **Figura 2.23:** SOUSA, Mauricio de. *Cebolinha*. São Paulo: Globo, 2006. (Coleção As Melhores Tiras). **Figura 2.24:** *Adam Strange:* mistério no espaço. São Paulo: Panini, janeiro de 2006, n. 1. **Figura 2.25:** Id., ibid. **Figura 2.26:** *Crise de identidade*. São Paulo: Panini, março de 2006. n. 7. **Figura 2.27:** JODOROWSKY, Alexandro & MOEBIUS. *Incal*. São Paulo: Devir, 2006, v. 1. **Figura 2.28:** AUGUSTO, Sérgio & JAGUAR (orgs.). *O melhor do Pasquim*. Rio de Janeiro: Desiderata, 2006. **Figura 2.29:** Id., ibid. **Figura 2.30:** LAERTE. Piratas do Tietê. Ilustrada, *Folha de S.Paulo*, 18 de março de 2004. **Figura 2.31:** *Mestres Disney*. São Paulo: Abril, 2005. v. 5. **Figura 2.32:** *O melhor da Disney*: as obras completas de Carl Barks. São Paulo: Abril, 2005. **Figura 2.33:** *Grandes clássicos DC*: Os Novos Titãs. São Paulo: Panini, novembro de 2005. **Figura 2.34:** FOSTER, Hal. *Príncipe Valente:* de volta à América. São Paulo: Opera Graphica, 2006, v. 19. **Figura 2.35:** BARALDI, Marcio. Vapt e Vupt. In: MASTROTTI, Mario (org.). *Tiras de letra*. São Caetano do Sul: Virgo, 2003. **Figura 2.36:** QUINO. *Toda Mafalda*: da primeira à última tira. São Paulo: Martins Fontes, 1991.

Capítulo "A oralidade nos quadrinhos"

Figura 3.1: ANGELI. *Ozzy 3*: Família? Pra que serve isso? São Paulo: Companhia das Letras, 2006. **Figura 3.2:** LAERTE. Piratas do Tietê. Ilustrada, *Folha de S.Paulo*, 4 de junho de 2005. **Figura 3.3:** BARALDI, Marcio. *Roko-Loko e Adrinalina*. São Paulo: Opera Graphica, 2004. **Figura 3.4:** LAERTE. *Hugo para principiantes*. São Paulo: Devir, 2005. **Figura 3.5:** MOORE, Alan & SPROUSE, Chris. *Tom Strong*: no final dos tempos. São Paulo: Devir, 2006. **Figura 3.6:** *Os novos vingadores*. São Paulo: Panini, março de 2006, n. 26. **Figura 3.7:** WATTERSON, Bill. *O mundo é mágico*: as aventuras de Calvin e Haroldo. São Paulo: Conrad, 2007. **Figura. 3.8:** *Liga da Justiça*. São Paulo: Panini, maio de 2006, n. 42. **Figura 3.9:** PAIVA, Miguel. *Almanaque do Gatão de Meia-idade*. 2 ed. Rio de Janeiro: Objetiva, 1995. **Figura 3.10:** Id., ibid. **Figura 3.11:** LAERTE. *Hugo para principiantes*. São Paulo: Devir, 2005. **Figura. 3.12:** _____. *Overman*: o álbum, o mito. São Paulo: Devir, 2003. **Figura 3.13:** Id., ibid. **Figura 3.14:** QUINO. *Toda Mafalda*: da primeira à última tira. São Paulo: Martins Fontes, 1991. **Figura 3.15:** Id., ibid. **Figura 3.16:** *DC especial*: não acredito que não é a Liga da Justiça. São Paulo: Panini, junho de 2006. n. 10. **Figura 3.17:** CICCONE, Fabio. *Magias e Barbaridades*. Disponível em <http://www.magiasebarbaridades.com>. **Figura 3.18:** TORIYAMA, Akira. *Nekomajin*. São Paulo: Conrad, 2006. **Figura 3.19:** *Já fomos a Liga da Justiça*. São Paulo: Panini, maio de 2006, n. 1. **Figura 3.20:** LAERTE. *Hugo para principiantes*. São Paulo: Devir, 2005. **Figura 3.21:** QUINO. *Toda Mafalda*: da primeira à última tira. São Paulo: Martins Fontes, 1991. **Figura 3.22:** SOUSA, Mauricio de. *Mônica*. São Paulo: Globo, 2006. (Coleção As Melhores Tiras). **Figura 3.23:** *Luluzinha vai às compras*. São Paulo: Devir, 2006. **Figura 3.24:** WALKER, Mort. Recruta Zero. Caderno 2, *O Estado de S. Paulo*, 27 de agosto de 2006. **Figura 3.25:** SOUSA, Mauricio de. *Mônica*. São Paulo: Globo, 2006. (Coleção As Melhores Tiras). **Figura 3.26:** Id,. Ibid. **Figura 3.27:** HENFIL. *Fradim*. Rio de Janeiro: Codecri, 1976, n. 9. **Figura 3.28:** *Grandes clássicos DC*: Alan Moore. São Paulo: Panini, 2006, n. 9. **Figura 3.29:** Id., ibid. **Figura 3.30:** LUNA BROTHERS. *Ultra:* sete dias. São Paulo: Pixel, 2006. **Figura 3.31:** Id., ibid. **Figura 3.32:** QUINO. *Toda Mafalda*: da primeira à última tira. São Paulo: Martins Fontes, 1991. **Figura 3.33:** CHAYKIN, Howard. *American Flagg!*. São Paulo: Abril, fevereiro de 1991.

Capítulo "O papel da onomatopeia e da cor"
Figura 4.1: TORIYAMA, Akira. *Nekomajin*. São Paulo: Conrad, 2006. **Figura 4.2:** COLIN, Flavio & SRBEK, Wellington. *Estórias gerais*. São Paulo: Conrad, 2007. **Figura 4.3:** Id., ibid. **Figura 4.4:** GALHARDO, Caco. Pescoçudos. Ilustrada, *Folha de S.Paulo*, 15 de agosto de 2006. **Figura 4.5:** ANGELI; GLAUCO & LAERTE. *Seis mãos bobas*. São Paulo: devir, 2006. **Figura 4.6:** COLIN, Flavio & SRBEK, Wellington. *Estórias gerais*. São Paulo: Conrad, 2007. **Figura 4.7:** CHAYKIN, Howard. *American Flagg!*. São Paulo: Abril, maio de 1991, n. 6. **Figura 4.8:** Id., ibid. **Figura 4.9:** Id., ibid. Fevereiro de 1991, n. 3. **Figura 4.10:** Id., ibid. Dezembro de 1990, n. 1. **Figura 4.11:** *Super-Homem*: as quatro estações. São Paulo: Abril, setembro de 1999, n. 2. **Figura 4.12:** AZZARELLO, Brian & LEE, Jim. *Superman*: pelo amanhã. São Paulo: Panini, 2007.

Capítulo "A cena narrativa"
Figura 5.1: NILES, Steve & RUTH, Greg. *Aberrações no coração da América*. São Paulo: Devir, 2006. **Figura 5.2:** MOORE, Alan & SPROUSE, Chris. *Tom Strong*: um século de aventuras. São Paulo: Devir, 2005. **Figura 5.3:** *Mestre do Kung Fu*. Rio de Janeiro: Bloch, 1975, n. 10. **Figura 5.4:** ADAMS, Neal & O'NEIL, Dennis. *Grandes clássicos DC*: Lanterna Verde, Arqueiro Verde. São Paulo: Panini, junho de 2006, n. 7, v. 2. **Figura 5.5:** Id., ibid. **Figura 5.6:** CHO, Frank. *Liberty Meadows livro 1*: Éden. São Paulo: HQM, 2007. **Figura 5.7:** RODRIGUES, Guilherme Jotapê. Explícitos. In: MASTROTTI, Mario. *Tiras de letra muito mais*. São Caetano do Sul: Virgo, 2004. **Figura 5.8:** WALKER, Mort. Recruta Zero. Caderno 2, *O Estado de S. Paulo*, 11 de junho de 2003. **Figura 5.9:** GALHARDO, Caco. Pescoçudos. Ilustrada, *Folha de S.Paulo*, 17 de maio de 2002. **Figura 5.10:** SPACCA. *Santô e os Pais da Aviação*: a jornada de Santos-Dumont e de outros homens que queriam voar. São Paulo: Cia.

das Letras, 2005. **Figura 5.11:** TREZUB, Daniel. Pinguim Enxaqueca. In: MASTROTTI, Mario (org.). *Tiras de letra pra valer*. São Caetano do Sul: Virgo, 2004. **Figura 5.12:** SALVADOR. Ran. In: FAOZA; ORLANDELI & SALVADOR (orgs.). *Central de tiras*. São Paulo: Via Lettera, 2003. **Figura 5.13:** ADAMS, Neal & O´NEIL, Dennis. *Grandes clássicos DC:* Lanterna Verde, Arqueiro Verde. São Paulo: Panini, junho de 2006, n. 7, v. 2. **Figura 5.14:** *Mestres Disney*. São Paulo: Abril, 2005, v. 5. **Figura 5.15:** *Grandes clássicos Marvel*. São Paulo: Mythos, 2006, v. 1. **Figura 5.16:** VERISSIMO, Luis Fernando & PAIVA, Miguel. *Ed Mort em Disneyworld blues*. Porto Alegre: L&PM, 1987. **Figura 5.17:** *Os maiores clássicos do Quarteto Fantástico*. São Paulo: Panini, julho de 2005. v. 1. **Figura 5.18:** WILLINGHAM, Bill & MEDINA, Lan. *Fábulas*: lendas no exílio. São Paulo: Devir, 2004. **Figura 5.19:** SOUSA, Mauricio de. *Cebolinha*. São Paulo: Globo, 2006. (Coleção As Melhores Tiras). **Figura 5.20:** HENFIL. *A volta do Fradim*: uma antologia histórica. 3 ed. São Paulo: Geração Editorial, 1993. **Figura 5.21:** GONSALES, Fernando. *Níquel Náusea*: tédio no chiqueiro. São Paulo: Devir, 2006. **Figura 5.22:** Id., ibid.

Capítulo "Os personagens e a ação da narrativa"
Figura 6.1: CHO, Frank. *Liberty Meadows livro 1:* Éden. São Paulo: HQM, 2007. **Figura 6.2:** WATTERSON, Bill. Calvin & Haroldo. Caderno 2, *O Estado de S. Paulo*, 25 de setembro de 2003. **Figura 6.3:** *Já fomos a Liga da Justiça*. São Paulo: Panini, fevereiro de 2004, n. 1. **Figura 6.4:** CHANTAL. Juventude. In: FAOZA; ORLANDELI & SALVADOR (orgs.). *Central de Tiras*. São Paulo: Via Lettera, 2003. **Figura 6.5:** GILMAR. *Para quando o chefe não estiver olhando*. São Paulo: Devir, 2004. **Figura 6.6:** Id., ibid. **Figura 6.7:** Id., ibid. **Figura 6.8:** Id., ibid. **Figura 6.9:** GILMAR. *Pau pra toda obra*. São Paulo: Devir, 2005. **Figura 6.10:** SOUSA, Mauricio de. *Mônica*. São Paulo: Globo, 2006. (Coleção as melhores tiras). **Figura 6.11:** *Luluzinha vai às compras*. São Paulo: Devir, 2006. **Figura 6.12:** Id., ibid. **Figura 6.13:** Id., ibid. **Figura 6.14:** CEDRAZ, Antônio. Turma do Xaxado. In: FAOZA; ORLANDELI & SALVADOR (orgs.). *Central de tiras*. São Paulo: Via Lettera, 2003. **Figura 6.15:** Id., ibid. **Figura 6.16:** LOEB, Jeph & LEE, Jim. *Batman*: Silêncio. São Paulo: Panini, julho de 2006. **Figura 6.17:** HENFIL. *Fradim*. Rio de Janeiro: Codecri, 1976, n. 9. **Figura 6.18:** Id., ibid. **Figura 6.19:** GOSCINNY, Rene & UDERZO, Albert. *Asterix e o presente de César*. Rio de Janeiro: Cedibra, 1974. **Figura 6.20:** TORIYAMA, Akira. *Marusaku*. São Paulo: Conrad, 2006. **Figura 6.21:** _____. *Dr. Slump*. São Paulo: Conrad, agosto de 2002, n. 3. **Figura 6.22:** _____. *Nekomajin*. São Paulo: Conrad, 2006. **Figura 6.23:** MARUO, Suehiro. *Paraíso*: o sorriso do vampiro. São Paulo: Conrad, 2006. **Figura 6.24:** *Adam Strang:* mistério no espaço. São Paulo: Panini, janeiro de 2006, n. 1. **Figura 6.25:** *Homem-Aranha e Gata Negra*. São Paulo: Panini, julho de 2006, n. 1. **Figura 6.26:** WATTERSON, Bill. Calvin e Haroldo. TV Lazer, *O Estado de S. Paulo*, 23 de julho de 2006. **Figura 6.27:** GOSCINNY, Rene & UDERZO, Albert. *Asterix e o presente de César*. Rio de Janeiro: Cedibra, 1974. **Figura 6.28:** *Luluzinha vai às compras*. São Paulo: Devir, 2006. **Figura 6.29:** GOSCINNY, Rene & UDERZO, Albert. *Asterix e o presente de César*. Rio de Janeiro: Cedibra, 1974. **Figura 6.30:** HENFIL. *Fradim*. Rio de Janeiro: Codecri, 1976. n. 9. **Figura**

6.31: LOEB, Jeph & LEE, Jim. *Batman*: silêncio. São Paulo: Panini, julho de 2006. **Figura 6.32:** *Batman*: Duas Caras ataca duas vezes! São Paulo: Abril, 1995 (parte 2). **Figura 6.33:** *Sérgio Aragones destrói a DC*. São Paulo: Abril, abril de 1998. **Figura 6.34:** DINI, Paul & ROSS, Alex. *Batman*: guerra ao crime. São Paulo: Abril, maio de 2000. **Figura 6.35:** EISNER, Will. *Narrativas gráficas de Will Eisner*. São Paulo: Devir, 2005.

Capítulo "O espaço e o tempo nos quadrinhos"
Figura 7.1: DAVIS, Jim. *Garfield numa boa*. Porto Alegre: L&PM, 2006. (Coleção L&PM Pocket). **Figura 7.2:** ____. Garfield. Ilustrada, *Folha de S.Paulo*, 5 de fevereiro de 2005. **Figura 7.3:** SOUSA, Mauricio de. *Mônica*. São Paulo: Globo, 2006. (Coleção As Melhores Tiras). **Figura 7.4:** CHO, Frank. *Liberty Meadows livro 1:* Éden. São Paulo: HQM, 2007. **Figura 7.5:** SOUSA, Mauricio de. *Mônica*. São Paulo: Globo, 2006. (Coleção as melhores tiras). **Figura 7.6:** BROWNE, Dik. *O melhor de Hagar, o Horrível*. Porto Alegre: L&PM, 2006. v. 4. (Coleção L&PM Pocket). **Figura 7.7:** SOUSA, Mauricio de. *Mônica*. São Paulo: Globo, 2006. (Coleção As Melhores Tiras). **Figura 7.8:** WATTERSON, Bill. *O mundo é mágico*: as aventuras de Calvin e Haroldo. São Paulo: Conrad, 2007. **Figura 7.9:** *Mad*. Rio de Janeiro: Vecchi, março de 1978. n. 45. **Figura 7.10:** SICA, Rafael. *Quadrinho ordinário*. Disponível em <http://rafaelsica.zip.net>. **Figura 7.11:** ADAMS, Neal & O´NEIL, Dennis. *Grandes clássicos DC*: Lanterna Verde, Arqueiro Verde. São Paulo: Panini, junho de 2006. n. 7. v. 2. **Figura 7.12:** Id., ibid. **Figura 7.13:** Id., ibid. **Figura 7.14:** Id., ibid. **Figura 7.15:** Id., ibid. **Figura 7.16:** Id., ibid. **Figura 7.17:** RAYMOND, Alex. *Rip Kirby*. Lisboa: Editorial Futura, 1982. (Coleção Antologia da BD Clássica, n. 3). **Figura 7.18:** BÁ, Gabriel & MOON, Fábio. Caos urbano. In: *O que é o Brasil?* (Catálogo da exposição Mundo dos Quadrinhos, 2005). **Figura 7.19:** SPACCA. *Santô e os Pais da Aviação*: a jornada de Santos-Dumont e de outros homens que queriam voar. São Paulo: Cia. das Letras, 2005. **Figura 7.20:** MCCAY, Winsor. Sonhos de um comilão. In: *Almanaque do Gibi Nostalgia*. Rio de Janeiro: RGE, s/d. **Figura 7.21:** SOUSA, Mauricio de. *Cebolinha*. São Paulo: Globo, 2006. (Coleção As Melhores Tiras). **Figura 7.22:** Id., ibid. **Figura 7.23:** Id., ibid. **Figura 7.24:** RUIS, Marcelo. Diário da corte. In: FAOZA; ORLANDELI & SALVADOR (orgs.). *Central de tiras*. São Paulo: Via Lettera, 2003. **Figura 7.25:** LAERTE. Piratas do Tietê. Ilustrada, *Folha de S.Paulo*, 18 de setembro de 2004. **Figura 7.26:** Id., ibid. 17 de setembro de 2004. **Figura 7.27:** LAERTE. *Classificados*: livro 2. São Paulo: Devir, 2002.

O autor

Paulo Ramos é doutor em Letras pela USP (Universidade de São Paulo). A tese, defendida em 2007, abordava quadrinhos e humor. O estudo mostrava as semelhanças existentes entre piadas e tiras cômicas na produção de efeito cômico junto ao leitor.

O autor possui artigos publicados em diferentes congressos de Linguística e é coautor do livro *Como usar as histórias em quadrinhos na sala de aula*, outra publicação da Editora Contexto. Também integra o Núcleo de Pesquisas em Histórias em Quadrinhos da USP.

Ele atuou como professor no primeiro ano de funcionamento da USP-Leste e, desde 2004, é docente dos cursos de Jornalismo e Relações Públicas da Universidade Metodista de São Paulo. Foi ainda durante quinze anos professor de língua portuguesa do cursinho Singular-Anglo Vestibulares.

Ramos é também jornalista, área em que fez de tudo um pouco: foi repórter, repórter especial, editor, editor-assistente, editor-chefe, âncora de telejornal. Trabalhou na TV Cultura, na TV Tribuna (afiliada da TV Globo no litoral sul de São Paulo) e na *Folha de S.Paulo*, onde iniciou a carreira, em 1995, e onde retornou em 2006 como consultor de língua portuguesa. Exerceu a mesma função no portal UOL.

Desde 2006, ele mantém no UOL um blog jornalístico com notícias sobre a área de quadrinhos, o Blog dos Quadrinhos.